目にやさしい
大活字

人事のトラブル
防ぎ方・対応の仕方

谷所健一郎 著

C&R研究所

はじめに

人事業務は、感情のある人間を対象とする業務である。だから、よかれと思って行ったことが裏目にでて、問題が生じることもある。すべては、人の感情やモチベーションが関係しているところに、人事業務の難しさがあり面白さもある。

私にもこんな失敗の経験がある。自分の業務上の強みや弱みを自覚することが社員のためになると考え、全社員に適性検査を実施したのだ。ところが適性検査実施後、結果に動揺した社員から「自分はこの会社で必要ないのか」という質問を受けたのである。検査結果に適職が記載されていて、現職と異なる仕事が適職と明記されていることに動揺したのだ。これは検査を公開する前に、検査の見方や目的を充分説明しなかった私の落ち度だと言える。

人事業務は、労働基準法や就業規則に準じて業務を遂行することが多いが、形式だけ整えても自社に見合うものでなければ会社の利益を圧迫するだけで、社員のモチベーションも低下してしまう。

人事の問題は、突発的に起きることが多い。「社員が突然出社しなくなった」「社員から労働基準法に違反しているので訴えると言われた」「会社批判を繰り返す社員がいる」など、数え上げればきりがない。

本書では、こうした人事に起きうる問題について、私の20年近い人事経験に基づき、解決策、対応策を書かせていただいた。

モチベーションの高い社員の活力が企業の力の源になる。しかし、企業の力は人事のあり方で大きく変わる。人が企業を支えているのであれば、人が関連する問題について適切な対応を行わなければ、社員のモチベーションが下がるだけでなく、優秀な人材が退職してしまい、企業の力は衰退する。企業の繁栄は、人事部門にかかっているといっても過言ではない。

人事で起きる問題解決の糸口として、本書を活用していただくことを、心から願っている。

谷所健一郎

二〇〇九年三月

CONTENTS

目次

第2章 賃金に関する対応策

第4章 職務能力・職務状況に関する対応策

第5章 異動・配属に関する対応策

第6章　採用に関する対応策

第7章 退職に関する対応策

第8章 人事考課、研修などに関する対応策

序章

人事の仕事の本質とは ～人事の仕事10か条

人事業務とは、サービス業である

私は、会社は「社員力」で決まると考えている。立派なオフィスでも、そこで働く社員に活力がなくモチベーションが低ければ、間違いなく会社は衰退していく。そして社員力は人事部門によって大きく左右される。社員力を高めるための仕組みを構築し、社員が働きやすい環境を整備し、さらに社員が引き起こす問題について、真摯に対応できる人事部門でなければならない。

人事部門のスタッフは、社員が顧客であるという認識で業務を行うべきだ。営業スタッフは、顧客に満足してもらえるようにサービスを提供し売上を伸ばしていくが、人事部門も同様に、社員がモチベーションを高め仕事に打ち込める環境を作ることが求められている。形式的に業務を行うだけの人事では、会社の発展は期待できない。

営業スタッフが顧客のために汗水を流すように、人事スタッフは社員のために汗水を流すことを生業とすれば、社員が働きやすい環境が整備され、自社に対しての帰属意識が高まり、社員の会社に対する満足度も向上する。社員満足の向上が、会社が目指す方向に一丸となり、売上もアップする。社員の仕事への意欲、やる気の高さが、会社経営に大きく影響しているのだ。

人事業務とは、経営に直結する業務である

また、人事部門は社員が顧客だと捉えてサービスを提供する一方で、経営者の視点で業務を捉えなければならない。社員が働きやすい環境を考えれば、給与アップ、残業時間削減、休日増加などを行うべきだが、会社が利益を出さなければ会社経営がおぼつかなくなり、社員の雇用そのものが難しくなる。

人事部門は、社員の要望と経営者としての利益追求、双方を理解した上で、業務を行う必要があるのである。社員のことを考えて大幅な昇給を行いたくても、会社の状況から難しいというケースは多い。人事部門は、経営者、社員、双方の中間で、舵取りを行わなければならないのだ。

人事のやる気が企業全体のモチベーションをアップさせる

私は、労働基準法は「社員が安心して働けるための法律」だと考えている。目先の利益追求だけを行う経営者は、労働基準法に違反してでも社員に労働を強要するが、人事スタッフは労働基準法を熟知した上で、経営者に適確な助言を行わなければならない。労働基準法を充分に理解していない経営者は多いが、労働問題が発生したとき経営者は知らなかったではすまされない。会社の慣習として当たり前に行われていることが、労働基準法に違反していることもある。たとえば形式だけの36協定を締結し、実情は月間残業時間が100時間に及ぶ企業もある。また、サービス残業を強制している企業もある。

人事部門が、就業規則が守られず会社の慣習だから仕方がないと捉えていれば、行政から指摘を受けるまで放置されたままになる。放置されていることで優秀な人材を失い、社員のモチベーションが低下していることを経営者は知らない。新たな人材を採用するための経費や教育にかかる費用も相当なものになる。

人事部門は現状の問題点を放置せず、経営者の視点を持ちながら社員力を高めるための改善を行っていかなければならない。ときには経営者が嫌がる経費アップに絡んだ進言も必要なのだ。

繰り返すが、会社の発展は社員力にかかっている。社員力は人事の力が大きく影響する。

人事は、事務的に業務を行うだけでは務まらない。会社に対して帰属意識があり、会社を誇りに思う人でなければ、優秀な社員を採用することはできない。人事スタッフは、人が好きであり、人のために汗水を流すことを厭わない人でなければいけない。会社をより発展させたい、社員にもっと幸せになってもらいたいという熱い気持ちが、人事スタッフの原動力になり、その原動力が社員力を高め、会社を発展させるのだ。

人事の仕事10か条

❶ 社員が顧客であるサービス業だと理解せよ
❷ 社員のために汗水流すことを生業とせよ
❸ 社員満足が利益につながると理解せよ
❹ 経営者の視点で物事を捉えよ
❺ 社員、経営者双方の立場を理解し行動せよ
❻ 労働基準法等の関連法規を熟知せよ
❼ 現状に満足せず、向上心を持って取り組め
❽ 会社の発展は、人材によるものだと理解せよ
❾ 社員のモチベーションを高めることに尽力せよ
❿ 自社に誇りを持ち、人を好きになれ

第1章

服務に関する対応策

就業規則が社員に公開されていない

対応のポイント

- 就業規則は社員に公開しなくては意味がない
- 就業規則を公開することは、企業のリスクヘッジにつながる

危険な対応 就業規則を非公開とし、社員からの閲覧要求に応じない

本来であれば、これはトラブルにはなり得ない。就業規則は社員に公開されるのが原則だからである。社員から就業規則を閲覧したいと言われたら、もちろん人事は拒否できない。就業規則を読んだ社員から現状との疑問点や矛盾を指摘されることもある。休日出勤、有給、残業など、社員の待遇に関連する点で矛盾があると不信感を抱く。会社が利益を追求するあまり、職場環境や待遇面で労働基準法に反していることもあるが、法律に沿った経営ができるよう人事が上層部に提案しなければならない。

就業規則は会社のルールであり、社員のモラルに反した行動があったとき、

就業規則を基準として注意や処罰を行う。もし、社員が就業規則を見れなかったのであれば、罰則などを行使するとき知らなかったと反論されるだろう。また、就業規則を社員に周知徹底することで組織力や帰属意識が高まるという効果も期待できる。人事は、社員から質問を受けたときは、相手が納得できる回答ができるようでなくてはならない。

私が以前在籍した会社でも就業規則の内容と実態が伴わないために、就業規則を社員が閲覧できるような状況ではなかった。それでは何のための就業規則かわからないと役員に進言し、就業規則の見直しと共に、社内ネットワークを通じて、社員が読めるようにした。このことにより、20代社員の会社への帰属意識が高まった。

就業規則を見たい社員のなかには、退職を考えている社員もいる。転職を考えるとき、退職願をいつまでに提出しなければならないか、退職金が支給されるかなどを確認するためだ。退職を阻止することはできないが、本人に迷いがあるようであれば、退職の意志を変えることができるので、本人の行動を察知し対応するようにしよう。

副業をしている社員がいる

対応のポイント

- 副業を禁止することを就業規則に記載し、周知徹底しておく
- 注意を促しても止めない場合は、厳粛な処置を行う

危険な対応　副業を見逃すことにより、副業が許されるという雰囲気を作る

就業規則で業務中の副業は禁止できても、就業後の副業を全面的に禁止することは難しい。比較的自由な時間がある環境では、インターネットを活用したビジネスや友人の店を手伝うなど、副業を行う可能性がある。

就業規則に「副業を行う場合は許可を必要とする」という規則があれば、会社の許可なく副業を行った社員は処分に該当する。許可制にする場合には、業務に支障を与えないことを原則として何を許可するかの基準を取り決めなければならない。副業について就業規則に明記されていない場合、社員から「禁止されているとは知らなかった」などの反論があるだろう。

副業を行っている社員に対して遅刻が多いなどの問題があれば合わせて指摘する。副業をやっているという噂が立つことがあるが、このような場合は、いきなり本人を責めるのではなく、噂があることを指摘した上で本人から話を聞くことが大切だ。噂の段階で厳しく追及すれば、本人が追い込まれて退職を決断する可能性もある。社員を裁くことが目的ではないので、一度目は本人から話を聞き、問題になる副業をやっている場合は速やかに止めることを促し、様子を見てみよう。注意したにもかかわらず、継続している場合は厳しい処罰を検討すべきだ。

処罰をせず黙って見過ごしている状況を他の社員が見れば、会社の姿勢を疑うだけでなく、副業を始める社員もでるだろう。副業を行うことで、遅刻が多くなる、労働生産性が落ちる、他の社員を勧誘する、所得を誤魔化すなど、企業にとってさまざまな弊害があることを人事は把握した上で、本人に指摘しなければならない。社員に余力があるため副業を行うケースもあるので、本業に打ち込める体制を構築するため、仕事量や職務内容についても検討してみる必要がある。

酒癖の悪い社員がいる

対応のポイント

- 酒癖が悪い社員に対して、事前に面談を行い注意を促す
- 宴席で問題を起しそうになったときは、放置せず速やかに対処する

危険な対応　放置することで、他の社員のモチベーションの低下を招く

普段大人しい社員が、酒を飲むと人が変わったように暴言を吐き、態度が大きくなることがある。会社行事では、酒癖が悪い社員について充分注意をしよう。忘年会や懇親会の席で、酒が入った勢いで役員や経営者に食ってかかるような状況を、人事は見てみない振りをしてはならない。

本人は気が大きくなり好き勝手なことを言うが、周囲で見ている社員は決して気持ちがいいものではない。社員から暴言を吐かれた役員や経営者が、宴席で逆に本人を非難する可能性もある。いずれにしても、酒を飲んでいないときに本人に注意を促す必要がある。

酒癖が悪い社員が、宴会の席で器物を破損すれば、本人だけの問題ではなく、会社として本人を処罰しなくてはならなくなる。このような状況にならないためにも、事前に本人と面談をしなければならない。注意をしても改めなければ、会社として放置できない状況になり、解雇などに発展せざるを得ないこともある。

酒癖が悪い社員だけでなく、酒が好きな社員についても注意しよう。飲食などの酒を扱う店舗で、お客様から勧められたからといって酒を飲めば、仕事どころではなくなる。このような重要な問題が発生した場合も、一度注意して改まらないときは、就業規則に基づき解雇などの処罰を行わなければならなくなる。人事は問題が生じないためにも事前に会社のルールとして周知徹底することを怠ってはならない。

酒癖が悪い社員、仕事中に酒を飲む社員は、アルコール依存症などの可能性もあるので、病院で検査するよう本人に促すことも必要だ。酒癖が悪い社員を放置することで、他の社員のモチベーションは間違いなく下がる。

金銭トラブルで業務に支障をきたしている社員がいる

対応のポイント

- 督促や勧誘の電話が頻繁にかかってくるときは、本人と面談をする
- 金銭面のトラブルを放置せず、人事が相談や対策を講じる

危険な対応 当事者の問題だと放置し、他の社員からのクレームに対処しない

金銭の貸し借りや高額の借金をして会社に督促の電話が入るなど、金銭でトラブルを起す社員がいる。金銭面で問題のある社員は、本人だけでなく周囲の社員をトラブルに巻き込むことが多い。たとえば同僚に数千円を貸してくれるよう頼み、その後回数が膨らんだ結果、貸した社員が数万円が返済されないと人事に相談をしてきたりする。

本来、金銭面の貸し借りは当事者間の問題であり、会社が介入する必要はないが、会社に借金の督促電話が入るなど、業務に支障をきたすことが多い。

会社は学校ではないので、金銭の貸し借りについてまで通達を出す必要は

なくても、問題が起きたことをきっかけに注意を促すことはやるべきだ。

若い社員が、遊行費を借金し、金額が数百万に膨れてしまうこともある。私も同様の問題の経験がある。そのときは20代前半の社員であったため、両親に連絡をとり、両親が全額返済をした上で、本人の給与から毎月定額両親へ返済するよう処理した。

社員が多額の借金を抱えてしまっている場合は、弁護士や司法書士を紹介する方法もある。本人任せにしておくといつまでたっても行動せず、再び借金を繰り返す可能性もあるので、状況によっては本人に了解を得た上で、両親や家族を呼んで、対策を講じる必要がある。

金銭面は、プライベートなことだから介入しないと決め込んでいては、社員の問題は解決しない。

知人の会社では、採用前に金銭面の感覚について調査をしているそうである。金銭面にルーズな人材は入社しても問題を起す可能性が高いと考えているのだ。

茶髪、ピアスで出社する社員がいる

対応のポイント

- 就業規則に明記するだけでなく、顧客に及ぼす影響を説明する
- 中途採用では、入社前に会社のルールについて理解してもらう

危険な対応　理由を説明せずに、禁止する

茶髪やピアスをして出社してくる社員に対しては、単に「茶髪、ピアスはダメ」と指示するのではなく、なぜ支障をきたすのかを具体的に示す必要がある。最近は、髪を染めることやピアスをしている人も多く、「会社だから禁止」というだけでは、社員は納得しない。

業務に支障をきたす範囲について、就業規則や内規に具体的に示した上で、指示すべきだ。曖昧な指示であれば、社員から「なぜ？」と質問されても回答できない。

たとえば、サービス業で顧客に不快感を持たれるような身だしなみであれ

ば、会社として注意すべきだし、禁止もできる。私がサービス業の会社にいたときは、「茶髪を不快に思う顧客が一人もいないと思うか？」ということを考えさせた。私の知人が勤務している葬祭業の会社では、本部スタッフでも斎場で輸入時計をすることを禁止している。逆に業界特有の身だしなみがあり、特別茶髪やピアスが問題にならないこともある。

人事や経営者の嗜好ではなく、あくまでも会社にとってデメリットが多いという理由で、規定を設けなければならない。前職では髭が認められていたから当社でも問題ないということはない。あくまでも自社で扱う商品や顧客層などを見極めた上で、顧客に不快感を与えない視点で考えることが大切だ。お洒落で個性的なことが仕事に活用できることも多いので、一方的に禁止するのではなく本人が納得するよう説明しよう。

採用試験で自社に合わない身だしなみであれば、入社前に指摘をすることが大切だ。ロングヘアーの男性を採用し、入社後に髪を切るよう指示しても、入社時に指摘をせず採用したのであれば、本人から反論されるだろう。

会社批判を繰り返す社員がいる

対応のポイント

- 会社批判をする社員を無視せず、本人と面談を行い確認をする
- 批判を無視せず、解決できることは速やかに着手する

危険な対応　批判をする社員の意見を聞かず、必要ない社員として切り捨てる

会社批判をする社員は、嫌なら辞めればいいのだが、批判をする社員に限ってなかなか辞めない。直接批判をするのではなく、数名集まり批判をすることで連帯感を持つ。批判を繰り返す社員のなかには、構ってほしい、自分に注目してほしいという気持ちから批判をするタイプや、批判をすることで他の社員の意欲を阻害し、自分が優位に立とうと考えていることもある。

人事がこのような動きを察知したら、本人の言い分を聞く機会を設けてみよう。面と向かって確認をすると、批判などしていないと主張することが多いが、言いたいことがあれば直接話をするよう本人に伝える。

会社に不満を持って退職する社員に対しても注意が必要だ。退職勧奨などで退職する場合、退職までの期間に会社の批判を繰り返す社員がいる。退職が決まった段階で会社批判などを行ったときは解雇もありうると、本人に釘を刺すこともときには必要だ。ただし、会社批判が人事に届く状況は、会社の労働環境や待遇面に問題があることも多い。批判が事実であるならば、問題そのものを解決するよう、策を講じなければならない。

会社をよくしたいという気持ちで批判をする社員もいる。表現方法が間違っていても、会社の問題を把握した上で批判をしているのだ。解決方法を提示できないため批判と受け取られてしまうが、人事として彼らの言い分を無視せず、謙虚に受け止め対応することも必要だ。

批判が既存社員へ及ぼす悪影響に配慮し、批判の声を放置せず会社として「できること」「できないこと」「改善していくこと」などを明確にしよう。

退職した社員が、インターネットの掲示板などに書き込みをすることもある。求職者が少なからず判断材料にすることを考慮し、書き込み内容にも注意を払うようにしよう。

社員から機密事項が漏れてしまった

対応のポイント

- 就業規則、内規のほか、社員との機密事項守秘の契約者を交わす
- 同業他社へ転職する社員に対し、漏洩した場合の処置を説明する

危険な対応　情報が漏れたことを会社に知られないよう、担当者レベルで隠す

社員により機密事項が漏洩したときは、厳重な処分を行わなければならない。機密事項の内容にもよるが、個人情報であれば会社としての損失だけでなく社員や顧客など、個人に対して被害が及ぶ可能性がある。

就業規則に機密漏洩についての規定を記載しておくほか、社員個人と機密事項守秘に関する契約書を取り交わしておく。さらに日常業務においても個人のパソコン管理を徹底して行わなければならない。

故意に機密事項を漏らした場合は、刑事罰にも該当するが、機密事項を守るための教育などが行われていなければ、会社の責任も追及される。

同業他社に転職する社員に対して、就業規則が在籍社員に効力があることを示し、退職前、退職後の漏洩が発覚すれば民事訴訟を起こすことを含めて守秘するよう促す必要がある。問題が起きる前に防ぐ行動を怠ってはならない。本人は漏洩するつもりはなくても、転職先企業がうまく誘導し情報を得ようとするケースもあるからだ。

この問題は、実際に起きてしまった場合、被害を食い止めることが難しいことが多いので、社員の意識を高め、危機管理を持って行動するよう、人事が促さなければならない。他社の具体的な事例を聞くことで、社員に危機意識が芽生えるので、必要であれば、外部講師に委託し、セミナーや勉強会を実施する方法もある。

教育を徹底しているにも拘らず、問題が発生した場合は、懲戒解雇を含めた厳しい処分を行う。会社のイメージを悪くするという間接的な被害から、損害賠償を請求されるなどの直接的な被害が及ぶことを考慮すれば、懲戒解雇にも該当する問題だ。情報が漏れた場合、発生した部門で解決しようとせず、経営者、役員を含めて、全社で速やかに協議し対応することが望まれる。

私用目的で会社のパソコンを使用している社員がいる

対応のポイント

●就業規則で禁止するだけでなく、抜き打ち検査を実施する
●社員の仕事量についてチェックを行い、適切かどうかを見極める

危険な対応　多少は仕方がないと曖昧な管理を行い、注意や処分を行わない

各社員にパソコンを与える企業では、私用で使っていないかチェックをする必要がある。私用でインターネットを閲覧することや、個人的なメールを送るようでは、秩序が保たれないだけでなく、社員の労働生産性は著しく落ちる。

会社のパソコンだけでなく、個人の携帯電話についても注意を払わなければならない。パーティションで区切られたオフィスでは、就業時間中に携帯電話から私用のメールを送信しても誰も気がつかない。社内で個人の携帯電話の使用を禁止している企業もある。

パソコンの使用については、あらかじめ会社規定を設けて、私用で使うことを禁止し、抜き打ちでインターネットの閲覧履歴などをチェックすることを伝える。履歴を削除することを禁止すれば、不自然な履歴は、私用目的で利用していることが想定できる。

会社規定で縛ることは、社員を信用していないと捉えられ、得策ではないが、規定を設けないことで、私用でやりたい放題にパソコンを使用するような状況にならないための予防策として止むを得ない。私用で使う社員がいた場合、会社規定を設けていれば注意や処分も容易だが、規定がないなかで注意をしても効果がないことがある。

パソコンの管理が甘くなることは、社外への持ち出しや機密情報が漏洩する問題にもつながる。抜き打ちでインターネットの閲覧履歴をチェックするだけでなく、個人の仕事量も人事は把握しなければならない。「忙しい」と言っている社員が、実は業務に関連しないことをやっていることもある。真面目に仕事をしている社員が不満に思わない組織を構築するよう、自社の管理体制について検討してみよう。

社内での不倫についての情報や噂が寄せられた

対応のポイント

- 噂や情報が入った段階で、速やかに当事者と面談を行い対応する
- 会社への影響を考慮し、配置転換、退職勧奨などを検討する

危険な対応

恋愛は自由だという考えで静観し、会社としての対応を怠る

不倫について社員から情報や噂が寄せられたとき、経営者や人事は、事実を確認するとともに、会社に及ぼす影響について検討しなければならない。恋愛は自由だが、不倫の噂が広まることで業務に影響を及ぼすことや、社外においての信用にも影響をすることが懸念される。

当事者と面談を行うなかで、事実を確認するだけでなく、配置転換や業績に影響を及ぼす場合は退職勧奨を視野に入れて話し合いを持つ。

不倫をしているなかで「恋は盲目」ではないが、当事者は会社に対して貢献しようとする意欲が失せ、自分たちの幸せや将来について考えるようになる。

長年貢献してきた役員クラスであっても不倫が原因で居所がわからなくなることもある。あるいは、経験豊富な有能な人材が退職願を自ら出すケースもあり、会社にとって大きな損失になる。

不倫が発覚し、会社に出社しなくなれば、周囲の社員に対しての影響も計り知れない。業務に没頭できず、社内で噂が飛び交う事態になる。

処分や配置転換を男性もしくは女性のどちらかにだけ行う場合、社員から処分が適切ではないというクレームが寄せられ、問題がより大きくなることがある。処分や配置転換では、片方だけが不利になるようなものであってはならない。

不倫の情報は、経営者や人事がキャッチしにくい。匿名で情報を提供できる仕組みを構築することで、不倫だけでなくコンプライアンスの問題についても対応できる。

男女の恋愛について会社がとやかく言う問題ではないが、業務に影響を与える問題については、迅速に対応しなければ、既存社員のモチベーションが下がることを認識しよう。

社内恋愛が公になってしまい当事者が浮ついている

対応のポイント

- 社内恋愛が発覚することで、業務に与える影響をチェックする
- 結婚後も仕事が続けられる制度を構築し、社員の帰属意識を促す

危険な対応 社内恋愛を禁止し、発覚した場合は、左遷、降格などの処分を行う

社内恋愛は、社員同士の結束力を高める効果もあり推奨する企業もあるが、不倫と同様に社内恋愛が発覚することで、当事者の仕事が浮つくことや、他の社員からの妬みなどについて、注意を払わなければならない。

社内恋愛から結婚に発展することはおめでたいことだが、実力のある女性社員が結婚のため退職する状況は、人事として手放しで喜ぶわけにはいかない。結婚したら退職するという旧態依然の社風の企業では、人材が育たぬ組織になり、衰退していく。結婚をすれば辞めていく企業では、採用経費や育てるための経費の損失だけでなく、育てようとする企業風土が損なわれる。

社内恋愛であっても男女分け隔てなく、会社で能力を発揮できる環境について人事は考えなければならない。

夫婦が同じ部署に在籍することはタブーだと考える企業もあるが、本人の自覚次第では、より能力を発揮する可能性もある。既存の考え方にとらわれず、社員が働きやすい環境を提供し、最大限の能力を引き出すことを考えなければならない。

女性が結婚をしても仕事を続けられる企業では、育児休暇や職場復帰制度も機能しているため、安心して働ける環境が確立されている。社内恋愛が発覚したことで、人事や経営者が面談を行う必要はないが、直属の上司から情報をもらい、残業をせず2人ですぐ退社するなど、業務に支障をきたす行動や問題が発生した場合は、速やかに対応しなければならない。

社内恋愛を推奨する必要はないが、社内恋愛禁止など、社員のプライベートまで管理するような体制では、社員の帰属意識は芽生えない。社内恋愛が発覚した場合、業務に与える影響を注視しながら温かく見守る状況が望ましい。

セクハラの訴えが寄せられた

対応のポイント

- セクハラに関する規定を設け、厳粛な処分を行う
- 被害者の心のケアを実施し、再発防止の処置をとる

危険な対応 セクハラの事実を人事部内で処理してしまう

セクハラの訴えがあった場合は、会社は速やかに調査を行い厳正な処分を行わなければならない。改正男女雇用機会均法などの施行により、セクハラ防止策を講じることが重視されるようになった。同法では、女性だけでなく男性もセクハラ被害の対象になった。訴えられた本人から事情を聞いた上で事実であれば、会社は処分を曖昧にしてはならない。降格、減給の処分の他、配置転換なども行う。

「何もそこまで……」と安易に考えている経営者や幹部がいるが、曖昧な対応を行えば、若手社員から批判が続出し、経営にも影響を及ぼすこともあ

る。当事者が「そんなつもりはなかった」など、曖昧な回答をするケースがあるが、人事は公平な立場で双方からの言い分を聞いた上で判断しなければならない。

セクハラには、性的な発言と性的な行動がある。セクハラを防ぐために、どのようなことがセクハラに該当するか、セクハラを起こしたときの懲罰などの会社規定を明確にして周知徹底する必要がある。セクハラ防止のための勉強会を開催し、セクハラに対しての知識と意識を高め、セクハラにあわないための自己防衛についても会社が率先して指導する必要がある。

被害を受けた社員が泣き寝入りする状況を作らないためにも、人事が相談の窓口になり、訴えやすい環境を作ろう。また、セクハラの被害にあった社員の心理面のケアなども必要だ。できれば、社外に委託することが望ましい。

セクハラに対しては、「阻止する対策」「相談しやすい窓口の設置」「適確な処分」の3つを重視し、働きやすい労働環境を整えなければならない。

パワーハラスメントの訴えが寄せられた

対応のポイント

- 実態を確認するために、周囲の社員からもヒアリングを行う
- 問題をうやむやにせず、配置転換など、働きやすい環境を検討する

危険な対応 訴えを受け入れず、事実を確認しない

部下などの弱い立場にある社員に嫌がらせや、精神的な苦痛を与えるパワーハラスメントも、会社として重要な問題だ。転職相談では、パワーハラスメントで悩み、転職を考えている人や、すでに退職している人からの相談が増えている。彼らはどこにも訴えられず、一人で悩み辞めていくケースが多い。なかには転職後も同様の問題が起きるのではと転職に踏み切れない人もいる。彼らの多くは、訴えることもできず、黙って会社を去っていく。

訴えられた社員に確認をとると、「育てるために行った」など、自己を正当化する回答しか得られないことが多い。パワーハラスメントは、「本来の業務

から逸脱して、継続的に相手の人格と尊厳を傷つける行動」と定義されるが、訴えられた社員の言葉だけでは、判断が難しいため、周囲の社員などから個別にヒアリングを行う。精神的な部分について本人の受け取り方もあるが、周囲の社員から情報を得ることで、適確な情報を得ることができる。

訴えがあったにもかかわらず、「もう少し頑張れ」「そんなはずはない」と人事が対応したりすると、問題が大きくなり会社が訴えられることもある。

理由はどうであれ、本人に精神的な苦痛が生じていることは事実であり、上司であれば指導力に問題があると考えられる。パワーハラスメントは、上司だけでなく、先輩社員、同僚からも受けることがあるので、社内で「いじめ」が起きていないか、無記名でも情報を寄せられる相談箱を設ける方法もある。以前から同じように教育してきたという認識で、パワーハラスメントではないと考えるベテラン社員もいるので、人事主催で、パワーハラスメントの勉強会を開催し、意識を高めることも必要だ。

COLUMN

パワーハラスメントの連鎖

私は求職者の支援を行っているが、パワーハラスメントの相談を頻繁に受ける。彼らは上司や先輩社員から暴言を吐かれ、嫌がらせをされることで退職している。訴えることができる内容であっても、彼らは黙って退職しているのである。暴言を吐くのが当たり前の社風では、辞めていく社員が悪だと考え、人材が常に入れ替わっている。

パワーハラスメントが社風として定着してしまっている企業もある。「これは教育だから」という建前だが、社員がいじめや罵倒が行われていると感じている限りにおいて、教育ではなくパワーハラスメントなのである。いじめや罵倒しなければ上下関係を維持できない上司、先輩社員、同僚が、自らの存在価値を守っているにすぎない。人事や経営者がパワーハラスメント実態に目を向けて対応しなければ、いずれ社員が育たず消滅してしまう企業になるだろう。

第2章 賃金に関する対応策

社員から給与支給ミスを指摘された

対応のポイント

- 給与支給ミスを指摘されたら、速やかに確認をして対応する
- 昇給、昇格の情報を人事が把握できる仕組みを構築する

危険な対応 当月の給与業務は終わったので、来月支払うと安易に回答する

給与の支給ミスを指摘されたとき、ミスは仕方がないという態度で翌月調整すると簡単に回答してはならない。多くの社員の給与計算をしているからミスが起きても仕方がないと担当者が考えているのであれば、それは大きな間違いだ。

社員がどのような思いでミスを指摘してくるかを考えてみよう。差額が少なければ、あえて指摘しない社員もいる。社員にとって自分の給与の金額が違うことを指摘する煩わしさやストレスが伴うことを理解した上で、誠意を持って対応しなければならない。

たとえば数千円の違いを翌月に対応すると回答すれば、指摘をした社員は来月の給与が支給されるまで、会社への不信や本当に支払われるかと不安を持って業務を行うことになる。たかが数千円と人事が考えても、本人にとっては金額の問題ではなく、迅速に対応しない人事への不満が募るのだ。

できる限り、当月に処理できるよう経理などと連携をして、対応するようにしよう。担当者のなかには、所得税や雇用保険料などの再計算をしなければならないなど、当月に対応できない言い訳をするが、当月支給しても翌月に支給して控除すれば、税金などの対応もできるはずだ。

昇格や昇給したのに給与が変わっていないと指摘されることがあるが、昇給したことを人事が把握していないようでは人事と現場の関係を疑われる。昇給時期も給与規程で明確にするだけでなく、昇格、昇給した社員に対していつから昇給されるのか事前にきちんと説明しなければならない。現場は人事任せ、人事は現場任せの組織では、社員が気持ちよく働ける環境は構築できない。人事が情報を把握できるだけでなく、配属現場へ人事がきちんと情報を伝えることが強い組織を構築する基軸になるのだ。

他の社員より給与が低いと不満を言ってきた社員がいる

対応のポイント

- 他の社員より給与額が少なければモチベーションは下がる
- 給与規程や評価規定を明確にして、根拠を示せる体制を構築する

危険な対応 給与規程が存在せず、経営者の裁量で金額が決まっている

給与額を会社における自分の価値と見なす社員は多い。給与額の高低ではなく、同僚と比較をして金額が低いとモチベーションが下がり、上司への不満も募る。給与だけでなく賞与も同様だ。「残業が多いため総支給額が高い」「実績主義で差がついている」など理由がはっきりしていれば問題は起きない。何をもって査定しているのか明確でなく、給与に開きがあれば、社員は納得しない。

中途採用で同時に採用した社員同士が、給与を見せ合い低い額の社員が退職してしまったことがある。新卒採用なら入社当時は給与に差はないのが一

般的だが、中途採用では前職の経験、年齢などで金額が異なるのは当然だ。人事は、社員同士は同僚の給与に関心があることを認識しておかねばならない。人事としては、不満を言ってきた社員に対して曖昧な回答をしていては、相手の会社不信を払拭できない。

このような不満を持たれないためには、給与規程、賞与規程を構築し、相談してきた社員が納得する説明を行わなければならない。職務能力や実績と級をリンクさせ、級を給与にリンクさせるなど、きちんと社員に示せる規定を設けよう。実力のある社員ほど、負けたくない気持ちが強いので、社員が納得する評価制度を設けることを目指したい。

不満を言ってくるのは、日頃から頑張っていると自覚している社員が多い。不満を放置しておけば、意欲が失せて退職する可能性もある。どうしても会社で必要な社員であれば、モチベーションを下げないためにも、上層部と掛け合い給与の調整を行うことも必要な場合があるが、不満を言えば何とかする風潮を作らないためにも、客観的に判断して対応しよう。

業績が悪いので賞与を支給しない、もしくは大幅にダウンしたい

対応のポイント

- 賞与をカットすることは最後の手段
- 社員の労働意欲が失せないよう、経営陣の報酬などをまず調整する

危険な対応　賞与を払わないことをトップ自ら説明しない

賞与は、会社の実績や本人の能力で金額を設定できるため業績が悪いときは支給しない、もしくは支給金額をダウンすることも可能だ。組合があり労使間の交渉が行われる場合は、経営者の判断だけで決められないが、経済状況の悪化に伴い業績が著しく下がった場合は、支給しないという選択もある。

賞与が支給されないとなっても管理職は会社の実態を把握しているためさほど動揺しないが、情報を持っていない一般社員は動揺する。私も、賞与を大幅にダウンしなければならないときに社内のネットワークを使い、社長から賞与について説明を行うことにより、動揺を最小限に抑えた経験がある。

賞与を支給しない、もしくは大幅ダウンすることは、経営者が考える以上に社員の生活にダメージを与えることを認識しなければならない。もし、先行き不透明という理由で、会社が黒字にもかかわらず賞与がでないとなると、社員のモチベーションが上がるはずはない。仮に今後減収が見込まれるのであれば、業務改善や経費節減を実施すべきであり、賞与をカットすることは最後の手段だと考えるべきだ。

会社の業績が悪いという理由の場合は、賞与を支給しない、もしくは大幅ダウンすることを、経営者自ら社員に対して説明をすべきだ。状況を説明し社員の理解を求めるとともに一層の奮起を促すことができなければ、社員の帰属意識は下がってしまう。

社員は表向き平静を装っていても、内心では生活をどのように切り詰めるか必死に考えている。賞与のカットを行う場合は、経営陣がまず役員報酬などのカットを行った上で実践すべきだ。経営陣が責任をとらず、社員にだけ痛みを押し付ける企業では、今後の発展は望めない。

アクシデントで給与の遅配が起こった

対応のポイント

- 給与の遅配は、社員の同意を得ても、納得する社員はいない
- システムトラブルなどにも対応できる体制を作る

給与の遅配は、資金繰りの失敗、システムの不調、担当者の不在など、さまざまな理由はあるが、決して発生してはならないミスである。

給与を遅配することは、社員の生活に及ぼす影響だけでなく会社への信頼を失い不安が増すことを人事と経営者は肝に銘じなければならない。資金繰りがうまくいかないから数日遅配をしても、支払うのだから問題ないという安易な考えでは、社員は不信感を持つ。全額支給できず翌月に残額を支給する場合も同様だ。

やむを得ず給与を遅配する場合は、社員の同意を得る必要があるが、同意を得られない社員に対しては遅配をすることは原則としてできない。また、

全員の同意を得たからといって安心してはならない。同意した社員でも、本心は生活の困窮や会社の将来に不安を持ち、決して納得していないのだ。

給与の遅配をすると、取引先企業などにも知られることを覚悟しなければならない。資金繰りがうまくいっていないと噂になれば、仕入れや支払い条件が厳しくなることも予測できる。給与の遅配は社内だけの問題ではなく、取引先などへの信頼を失ってしまうことにもつながる。

給与計算や支払い業務をパソコンで行っている企業が多いが、システムダウンなどのトラブルについても注意をしよう。私が以前経験したことだが、パソコンのトラブルで社員への銀行振り込みがうまくいかなくなり、徹夜で対応し何とか間に合わせたことがある。パソコンで業務を行っている場合は、バックアップ体制などトラブルに対応できる仕組みを構築しておかなければならない。

給与に関しては常に「もしも」を想定し、どんなことがあっても遅配しない仕組みを作らなければならない。「うっかり遅配」が原因で、会社の信用は、一挙に失墜する。

店長が「残業手当がなぜ支払われないのか」と聞いてきた

対応のポイント

- 上司が店長とのコミュニケーションを密にとり、将来像を示す
- 残業対象者との総支給額の比較を行い、役職手当の見直しを行う

危険な対応

「売上が悪いなかで何を言っているんだ」と、話を聞かない

サービス業の店長は、管理職扱いとして残業手当を支給していない企業が多いが、残業支給対象者のほうが総支給額が高い現象が起きれば、残業手当が支給されないことに不満が募る。一般職の社員が、店長は拘束時間が長くて売上責任を追及されるから就きたくないと考える企業では、社員に向上心が薄れ、成果も期待できない。

店長からこのような質問を受ける状況は、店長の上司であるエリアマネージャなどに問題があることが多い。上司が売上やスタッフ管理だけを追及し、店長職の将来像を語らなければ、店長は目標もなくやらされていると感じて

仕事を行うだけだ。将来の昇格のステップとして店長職があることを親身に語っていないことが、現状の不満につながり会社不信を招くのだ。店長職は、今後の昇格の通過点であることを自覚させて、給与面だけでない店長としての誇りを持たせなければ、この問題は解決しない。

人件費を削減するため、常に店長が店舗に拘束されるようでは、管理職の裁量で時間をコントロールできるとはとても言えない。スタッフ教育を行い、店長が不在でも店舗が運営できる体制を早急に確立しなければ、いつまでたっても店長の労働時間は削減できない。

残業対象者と店長職の総支給額のチェックを行い、一般職が店長以上の給与であれば、役職手当などの見直しや残業削減を行う必要がある。また、将来像ややりがいを示すだけでなく、実収入の面や賞与額においても調整を行い、総支給額においてやりがいを見出せる役職になるよう早急に改善しよう。

不満や疑問を投げかけてくる社員は、無言で去っていく社員より見込みがある。彼らのモチベーションを高める上でも、収入と実務の両面でやりがいを見出せる体制を人事が率先して構築しよう。

パートタイマーから時給を上げてほしいと言われた

対応のポイント

- 言われたから昇給するのではなく、昇給規定を設けて実行する
- パートタイマーを活用するため、業務内容の見直しを行う

危険な対応

昇給は無理と突き放し、「嫌なら辞めていい」と退職を勧奨する

基本的には、正社員であろうとパートタイマーであろうと給与に関する考え方は一緒である。同僚の時給と比較し10円でも低ければ、やる気がなくなるパートタイマーもいる。時給の高い同僚以上の働きをしているにもかかわらず時給が低いことに不満を持ち、申し出るケースもある。人事としては、まず、しっかりと現状の給与の基準を説明することが重要だ。

パートタイマーの実務面の能力とリンクした昇給条件を明確にしなければ、同様の問題が常に発生する状況が続くだろう。パートタイマーが行うべき仕事を分析した上で、実務能力をチェックして、クリアした段階で昇給す

る仕組みは、やるべきことが明確であり、公平に昇給できる。昇給規定がなければ、現場の上司の一存で昇給が行われ、上司に媚びるパートタイマーが優遇される結果にもなりかねない。昇給基準が明確でないと、時給の高いパートタイマーが、他のパートタイマーと良好な人間関係を構築できないこともある。

言われたから昇給するのではなく、やるべきことを行い能力がアップしたため昇給するものでなければ、パートタイマー同士の不満が募り、有効活用できない。

パートタイマーの昇給規定を人事が管理することで、現場の上司の好き嫌いで昇給するのではなく、客観的に能力を見極めた上での昇給が可能になる。求人時期や状況により、既存のパートタイマー以上の時給で採用することがあるが、この場合も既存のパートタイマーの時給を調整した上で採用すべきだ。パートタイマーが社員以上の能力があることもある。能力や経験正当に評価できる昇給システムを構築しよう。

パートタイマーから賞与や退職金はないのかと言われた

対応のポイント

- 賞与や退職金を支給していないことを明確にし、今後の課題とする
- 金額が問題ではなく、制度の有無が問題となる

危険な対応　「退職金などない」と冷たく回答し、今後の課題にもしない

パートタイマーに賞与や退職金がないことを人事が当たり前だと考えていても、現場で働くパートタイマーは、そのように考えない。他社のパートタイマーとの比較や、インターネットなどで得た情報から、自社でももらいたいと考え要望する。

給与と異なり、パートタイマーに賞与や退職金を支給する義務はないが、パートタイマーを戦力として活用することを考えれば、在籍期間、実務能力、実績に基づき、貢献したパートタイマーに何らかの手当を支給することを検討しよう。相談をしてきたパートタイマーが退職を考えているかもしれない。

パートタイマーとして働く女性が多い職場であれば、よい噂も悪い噂もすぐに広がる可能性がある。退職金を出してくれる企業という評判が立てば、多くの応募者が応募するようになり人材が潤う。一方、時給が安く賞与や退職金も支給されないようでは、嫌なら辞めていいと言っているようなものだ。

長期間雇用を考えている企業であれば、退職金や賞与規程を設けて支払う仕組みを構築しよう。金額が多いにこしたことはないが、金額に関係なく会社からもらえるだけでも、社員にとってやる気につながることは間違いない。

仮に退職金として5年勤務した場合は、平均賃金の0・5カ月分という小額であっても頑張ろうという気持ちになるのだ。雇用形態の多様化が進むなかで、会社は正社員以外の社員をどのように活用するかで、業績が変動する。

「現在検討中なので、~頃まで時間が欲しい」と回答すれば、本人にとって100%満足する回答でなくても、問い合わせをしたことに一定の評価を感じるだろう。正社員、パートタイマー、派遣社員などの溝を作らないためにも、パートタイマー規程の整備を行うことが大切だ。

COLUMN

是正勧告を恐れるな

労働基準監督署の調査が入ったからといって慌てることはないが、是正勧告を受けたのならば、期限までに改善し報告する義務が発生する。「改善できません」という回答は許されない。労働基準法を毛嫌いする経営者がいるが、社員の職場環境を改善することで、労働意欲や生産性が増し、優秀な人材が入社するなどメリットも大いにある。

私が人事部長で勤務していたときも、決して誇れることではないが、数回是正勧告を受けた経験がある。勧告を受けたことで、職場環境の整備が早まり、社員のモチベーションが高まったことも事実なのだ。

働きやすい環境は、人事が率先して構築しなければならない。改善案を経営者に提示し、実行に移すことが人事の役割だ。「できない」から「必ず実現する」と強い意志で取り組むことが、社員の幸せと企業の発展につながるのである。

第3章 労働時間・勤怠に関する対応策

社員が特別な理由もなく残業を拒否した

対応のポイント
- 本人と面談を行い、拒否する事情を把握した上で対処する
- 労働契約、就業規則、36協定などが整備されていることが条件になる

危険な対応　残業を拒否した社員に対して、減給、退職勧奨、解雇で対応する

日常、残業が当たり前のように行われている状況で、突然上司の命令に従わず残業を拒否する場合は、社員と上司の関係に問題があるか、会社に対して不満を持っている可能性がある。とくに上司と部下の関係が感情的にもつれると、残業を拒否することもある。

残業を拒否した本人と面談を行い理由を確認しよう。私用で残業ができない場合は理解できても、常に残業を拒否するようでは、他の社員のモチベーションにも影響を及ぼす。残業ができない事情がある場合は、一時的なものなのか今後継続するものなのかを確認し、就業規則、36協定など労働基準法

を遵守しているのであれば、契約条件の見直しを行う必要も検討する。

派遣社員、パートタイマーなど、時間で仕事をする社員であれば、残業などができなくても既存社員は不満を持たないが、正社員として雇用されていながら、残業を拒否する場合は、人事は黙って見過ごすのではなく、上司と共に面談を行い解決の糸口を見つけなければならない。他の社員が残業を行っているにも関らず一人だけ拒否する場合は、本人の仕事量を分析した上で、他の社員と協調できる体制を構築しよう。

ただし、「時間外・休日労働に関する届」(36協定)を社員の代表者と締結し、労働基準監督署に届け出ていなければ、残業を命じることはできない。さらに労働契約、終業規則に残業について明記していなければ、残業を拒否したとしても社員の言い分が認められる。このあたりが整備されているかどうかも、念のため確認してみよう。

労働過多で健康に支障をきたしたと社員から言われた

対応のポイント

- 社員の申告が労災に該当する場合は、速やかに申請を行う
- 労働環境の対策を講じていない場合は対策を講じる

危険な対応 労災に該当しないと決め付ける

社員が労働過多で健康に支障をきたしたと言ってきた場合、労災に該当するかを検討しなければならない。明らかに業務に起因していれば労災を申請するが、うつ病やパニック障害などの精神疾患は認定されない可能性もある。うつ病の場合は、業務による強いストレスが原因だと認められると認定される。認定されない場合、会社が安全配慮義務に欠けていると民事で訴えられることもある。

認定されれば、休業補償給付（療養のため休業する期間の所得保障として、1日につき基礎日額の60％を支給）が本人に支給される。

業務を行うことで健康を害した可能性が高い場合は、労災を申請するべきだ。労災を労働基準監督署に申請することで、実態を調査されることを躊躇し、申告を無視、あるいは言い含めることを行えば、社員は納得するどころか、外部の専門家に相談をするだろう。誠意を持って対応することが、人事に求められている。

会社が残業を削減する対策を講じていることが、ポイントになる。何も対策を講じていなければ、申告した本人以外の予備軍からも同様の問題が今後も起きる可能性が高い。

人事は、社員の置かれている労働環境に気を配り、問題解決に努めなければならない。日頃から職場のコミュニケーションがとれているか、労働過多を削減する対策を講じているか、社員の悩み、相談を聞ける環境かという点について考えてみよう。社員の態度や行動がおかしいと感じたら、速やかに本人とカウンセリングを行い、専門医の診断を受けることを勧めることも人事の仕事だ。

労働時間の短縮を行いたいが、現在の職場環境では難しい

対応のポイント
- 職務内容を検討し、変形労働時間などの対策を講じる
- 既存の考え方にとらわれず、役割分担を見直す

危険な対応　最初から無理だとあきらめる

労働時間の短縮を行わなければならないことは理解していても、時短により、人件費が膨らみ経営を圧迫することが懸念される場合、着手できない企業も多い。しかし、労働時間が労働基準法に準じることができないことは、採用にも影響する。労働時間が長く休みもとれない企業であれば、新入社員がぜひとも入社したい企業とは考えない。

勤務形態を交代制にすれば、必然的に人件費が増える。しかし、1カ月の変形労働時間を活用し、忙しい時間帯に社員を集中するシフトを構築することで6時間勤務や4時間勤務などの時短を行うことは可能だ。人件費がどの

程度増えるか試算してみよう。また、業務内容やオペレーションそのものを見直す必要もある。今まで社員のみ携わってきた業務を、パートタイマーが行う体制を整え、社員不在でも運営できないか検討してみる。

既存の考え方にとらわれていれば、時短は実施できない。時短ができない企業の多くは、社員とパートタイマー、アルバイトの業務を切り分けているため、社員の拘束時間がどうしても長くなる。教育を見直すことで、人件費を膨らませず運営できる体制ができないか、人事と現場が一体となり検討しなければならない。

私が勤務した企業はサービス業であり、時短は難しいと人事だけでなく社員も理解していたが、労働基準監督署から是正勧告を受けたことにより、必然的に行わなければならない状況になった。1カ月の変形労働時間を活用し、1日の勤務時間を8時間にとらわれない管理を行い、休憩時間をそれまでの1時間から大幅に増やすことで、経費を最小限に押さえながら実行できた。できないと考えていたら、いつまでたっても改善されない。是正勧告を受けたことが刺激になり不可能を可能にしたのである。

店舗における労働時間短縮のプロセス

店舗などで労働時間短縮を行う場合の、実施までのプロセスの一例である。

人事と現場で時短委員会を設置

↓

委員会で問題点の抽出

↓

人事が1カ月ごとに労働時間を管理することを提案
(アイドルタイムの休憩時間を最大2時間まで延長)

↓

シフト表を作成しシミュレーションを行う

↓

不足する人員を算出し、人件費の増加を予測

↓

経営者の合意に基づき、店舗の勤怠管理システムを修正

↓

店長会議で時短について説明

↓

社員に告知

↓

実行

↓

実行後のサービス、人件費について検証

管理職から残業対象者への変更

それまで管理職として残業対象者でなかった社員について固定給を改定し、一定時間の残業を盛り込んだ上で残業対象者に変更する。

非残業対象者を残業対象者に変更した場合の人件費の膨らみを検証

↓

平均残業時間を算出した上で、残業削減を行うために業務内容の一部を変更

↓

残業代金の一部を固定給に盛り込み固定給を設定
（全社員共に同様の処理を実施）

↓

店長、社員への告知

↓

実行

↓

実行後のサービス、人件費について検証

パートタイマーの労働時間を短縮したい

対応のポイント

- 事前に契約を改定することを説明し、労働契約更新時に短縮をする
- 強引にことを進めるとクレームに発展

危険な対応 暇だから帰宅させる、突発的に契約時間を短縮する

業績不振などで、パートタイマーの労働時間を短縮したい場合、突然明日から現状の6時間勤務を4時間にするという対応は避けるべきだ。パートタイマーは、時間給で給与を支払っており、労働時間が短くなることは生活に支障をきたす。店舗などで、来客が少ないとき「今日は帰ってくれ」と会社の都合で命令することも問題がある。

店長がパートタイマーに対して、暇だから帰っていいと告げて、翌月半数以上のパートタイマーが退職してしまったことがある。パートタイマーは、上司である店長に不満を伝えるのではなく、こぞって退職という選択をして

抗議をしたのだ。半数以上が一気に退職したことで、新たなスタッフが戦力となるまでの半年間、売上がダウンした。

パートタイマーの労働時間を継続的に短縮したい場合は、現状の労働契約が終了する時点で、新たな労働契約を本人と交わす必要がある。会社の都合で労働時間を短縮もしくは延長することは、労働契約もしくは就業規則に記載されていなければ、行うべきではない。

暇だからという理由で業務を短縮する場合も、通常、雇用を継続したいため仕方なく早く業務を終了することに応じるが、これを本人が納得していると誤った受け取り方をすれば、賃金未払いなどのクレームになるケースが多い。

業績不振であっても労働契約を遵守することは大切であり、会社の都合で労働時間が短縮されるようでは、パートタイマーのモチベーションは上がらない。契約更新時に業績不振を理由に労働契約を改めることは問題ないが、いきなり更新時期に提示するのではなく、事前に本人に話をして了解を求めておく配慮が必要だ。

終業時間を待って、すぐに帰宅する社員がいる

対応のポイント

- 本人の仕事量や能力を分析し、他の社員と協力することを促す
- 会社や上司に対して不満を持っている可能性を考慮する

危険な対応　「なぜ早く帰るのか？」と本人を追い込み、社員の話を聞かない

他の社員が仕事をしているなかで、終業時間になるとすぐに帰宅する社員を放置してはならない。特別な事情がある場合は、周囲の社員も事情を理解している必要があり、当たり前のように帰宅するようでは問題がある。

就業時間は仕事をしているのだから何が問題なのかと開き直る社員がいるが、このような社員は終業30分前になれば帰宅する準備を始め、終業時間になるのをひたすら待っている。人事や上司が黙って見過ごしていれば、本人に対してではなく、人事や上司の対応に対して周囲の社員の不満が鬱積する。

終業時間にすぐ帰宅する社員は、仕事に不満を持っていることが多い。

「面白くない」「やりがいを感じない」という気持ちを無言でアピールしているのだ。

人事もしくは上司とのコミュニケーション不足が原因で、社員の不満が蓄積され、このような行動をとるケースもある。他の社員が残業をしている状況であれば、本人の仕事量や実績をチェックした上で、問題を具体的に指摘する必要がある。

漠然と、「なぜ早く帰るのか?」と質問をすれば、やるべきことをやっているという回答だけで関係を悪化させてしまう。本人の仕事の問題点、期待していることを説明し、やりがいを持って仕事を行うよう促すことが大切だ。他の社員との仕事量に問題があれば、協力する姿勢を求めてみよう。

周囲に協力できず自己中心的な行動をとる社員は、個人の能力が高くても組織のなかで実績を高めることはできない。

今まで積極的に仕事を行ってきた社員が、突然やる気がない態度をとる場合、退職を考えていることも想定できる。本人を追い込まず、コミュニケーションを積極的にとることで、本人の気持ちを汲み取ることも大切だ。

「私だけ忙しい」と嘆いている社員がいる

対応のポイント
- 社員の仕事量が適切か、職務分析を行い具体的な判断を行う
- 仕事量に不満を抱いている社員に、ねぎらいの言葉をかける

危険な対応 仕事量の多さを理解していても見て見ないふりをする

仕事ができる人や依頼しやすい人に、仕事が集中することが多いが、黙って黙々と仕事を行っているからといって、本人が快く仕事を遂行していると考えてはならない。

黙っている社員は、なぜ「私だけ忙しい」と悩んでいるかもしれない。文句や不満を言う社員は、現状を語ることでストレスを発散しているが、黙っている社員は、本人も気がつかないうちにストレスが溜まり、精神的なバランスを崩すことがある。

人事や上司は、仕事量のバランスが適切かどうかを感覚ではなく具体的に

判断しなければならない。個人が抱えている仕事の項目とその仕事にかかる時間を記載してもらい、職務分析を行ってみよう。普段忙しいと嘆いている社員が、実は大した仕事をしていないことが判明するかもしれない。

社員全員で忙しさを共有しているのであれば「私だけが……」と嘆くことはないが、自分だけ忙しいと感じれば、悲観的になり不満だけが蓄積する。

上司や人事は、頼みやすい社員だから仕事を依頼するのではなく、公平に仕事を振り分けることを考えてみよう。頼みにくい社員の行動や態度に問題があれば、上司は本人と面談を行い、指摘する必要がある。

部下の態度や行動に必要以上に神経質になり、部下に指示できない上司であれば、上司としての資質に問題がある。人材という財産をいかに活用するかが、企業繁栄のポイントになる。社員が気持ちよく働ける環境を部下に提供することが上司の大切な役割だ。「私だけが忙しい」と感じている社員に対して、一言「いつもありがとう」というねぎらいの言葉をかけることで、仕事への意欲がわき前向きな考え方に変わることもあるのだ。

遅刻、欠勤が多く、業務に支障をきたしている社員がいる

対応のポイント

- 評価規定を定め、勤務状況を給与だけでなく、賞与へ反映させる
- 副業などが理由になっている場合には、副業自体への対応が必要

危険な対応　事情を聞かず、遅刻、欠勤を理由に解雇または退職勧奨を告げる

労働基準法第91条では、制裁として1回の給与の減給額は平均賃金1日の2分の1、一支払期間の制裁の総額は賃金総額の10分の1を超えてはならないと定められている。制裁金とは別に不就労に対しての賃金を削除することは問題ないが、就業規則に明記しておかなければならない。遅刻や欠勤が多い社員を給与で制裁することだけでなく、本人と面談を行い、なぜ遅刻や欠勤をするのか確認をして問題を改善しなければ、賃金の制裁をしても本人に反省がなく、引き続き行う可能性がある。

給与による制裁だけでは、減給により遅刻や欠勤の決着が付いているので

問題はないという誤った認識を持つ社員もいるだろう。減給だけでなく賞与などの査定においても遅刻、欠勤を考慮する必要がある。

遅刻や欠勤が多い社員は、夜副業でアルバイトを行っている可能性もある。厳しい経済状況のなかで、残業が少なくなり賃金が減ったことで、副業を行い補填しているのだ。副業についても就業規則で規定を設けていることが前提になるが、本業に力を注がず夜に仕事をしているのであれば、制裁だけではなく副業を辞めさせることが重要だ。

社会人経験が少ない新入社員は、それまでの夜型の生活を改めることができず、遅刻、欠勤が多いケースもある。精神的な疾患で、朝、起きることができないこともある。事務的に給与で制裁を加えるだけではなく、本人から本当の理由を聞きだし、改善方法を共に考えることも人事の仕事だ。

特に問題がなく、頻繁に遅刻、欠勤を繰り返す場合は、社員として勤務できなくなることを伝えてみよう。交通機関の遅れで、遅刻する場合は遅延証明書を提出してもらうが、同じ路線であっても遅刻せず出勤している社員がいる場合は、家をでる時間を早めるようアドバイスすることも必要だ。

前触れもなく突然出社しなくなった社員がいる

対応のポイント

- 業務に支障ない体制を整え、連絡がとれない場合は自宅を訪問する
- 本人を責めるのではなく、状況を把握するために本人から話を聞く

危険な対応 話を聞かず、すぐ解雇する

突然、社員が出社しなくなったとき、業務に支障を与えないよう、手配を迅速に行うことが第一だ。そして本人に連絡をとってみるべきだが、すぐに連絡がとれるとは限らない。

休みの連絡が入らず出社しない場合、部署内で問題がなかったか確認をしてみよう。社員の気が付かないところに退職願が置いてあることや、引き出しが綺麗に整頓されている場合、本人の意志で出社しなくなったことが確認できる。特に部署内で問題もなく無断欠勤する場合、可能であれば自宅を訪れて本人の所在を確認する必要がある。周囲の社員が気がつかないなかで、

本人が落ち込んでいて出社できなくなっていることもある。

訪れると薄暗い電気をつけて一人うずくまっている社員がいたという経験が私にもある。精神的に弱い社員は、上司の厳しい一言で出社できなくなる。真面目に仕事に取り組んでいる社員が、ミスを犯すことで出社できなくなる。社員はロボットではなく感情のある人間である。相手の言葉に傷つき出社できないからといって本人を責めてはならない。しばらく休ませた上で、速やかに配置転換を行うなどの配慮が必要だ。

無断欠勤したことを事情も聞かず責めれば、退職を選択するしかなくなる。社員に話をさせる機会を与え、事情を確認することから始めなければならない。仕事量が多く、「私だけなぜ?」と被害妄想になり、出社できなくなることもある。本人が事件や事故に巻き込まれていないことを確認できればいいが、一人暮らしで自宅にもいない状況が続けば、家族や親族の了解を得て、警察に届ける必要がある。社員が欠勤しても「そのうちでてくるだろう」と対処しない社風では、社員のモチベーションが上がらず、定着率も悪い企業のままだ。

休憩時間がとれないと社員から言われた

対応のポイント

● 自由に使える休憩の付与は、法律以外にも事故防止の面で重要
● 交代制や休憩時間の分割などを検討し、休憩時間を与える

危険な対応　以前からの慣例だと回答し、仕事をしていない時間を休憩と捉える

休憩の問題は、社員から言われる前に人事が気付き、対処すべき問題だ。どのような状況なのかすぐにヒアリングを行い、休憩がとれる環境を整備しなければならない。8時間を越える勤務では1時間以上の休憩を与えなければならない。6時間を越え8時間以下であれば45分以上、6時間以下であれば与えなくてもいいという労働基準法に従い、休憩を分割してでも、休憩時間を与えられる環境を早急に整備しよう。

事故を防ぐ上でも、自由に使える休憩時間を与えることは人事や経営者として見過ごしてはならない問題だと自覚しよう。業務上、職場を離れた休憩

を与えないような企業は社員の不満が蓄積し、社員が定着しない。

社員の休憩は自由に行動できる休憩でなければならない。事務所などで電話番をしながら休憩を与えている企業があるが、電話もなく仕事をしていない状況であっても、事務所に待機しなければならない状況では休憩とは言えない。同様に、店舗などで顧客が来店しない時間に、店番をしながら休憩を与えることも間違っている。電話番で事務所に待機しなければならないのであれば、交替で休憩をとる方法もある。

以前の経験では、休憩時間がとれないと申し出てきた部署は、申し出てきた本人以外が外に昼食に出かけてしまい、暗黙の了解で事務所に待機してならない状況だった。昼食時間をずらすよう上司に指導したが、「本人が何も言わないから」と言い訳しかしない。人事に告げたことにも不満の様子だった。この上司では人を育てられないと判断し、異動と共に降格した。

休日がとれないと社員から言われた

対応のポイント

- 就業規則に基づいた休日を遵守し、問題があれば速やかに改善する
- 休日を取得できる環境を整備する

危険な対応　業績が悪いから休日などとれるわけがないと、申し出を突き返す

経営者や人事が考える以上に、社員は休日を重視している。特に一般社員は上司の指示で行動するため、休日に対しても充分な配慮が必要だ。仕事に合わせて各自の申請で休日をとる企業もあるが、自己申告は新入社員にとって申請しにくい状況を理解し、入社後一定期間は上司が休日を決めるくらいの配慮をすべきだ。

現場が忙しいので仕方がないと経営者や人事が安易に考えていれば、社員が告発し、労働基準監督署から是正勧告をもらうかもしれない。労災を防ぐ上でも、社員に休日を与えることは使用者の義務であり、取得できない状況

であれば、経営者、人事が先頭に立ち、すぐに改善に向けて行動しよう。

人事や経営者が休みをとっていないからといって、社員も同様だと考えることは間違っている。特に自分のペースで仕事を進められない一般社員であれば、仕事におけるストレスも強く、休日に対する期待感も強い。休日にリフレッシュすることが、次の仕事へパワーの源になる。疲れが溜まってくれば、少なからずネガティブな発想になり効率的な仕事ができなくなる。

労働基準法では週1日、4週間を通じて4日以上の休日を与えることを定めている。社員から会社規定の休日がとれないと言われた場合、休日を取得できる環境をすぐに整備しなければ、労働基準監督署に訴えられる、もしくは退職してしまう可能性が高い。

休日出勤については、給与が増えるから問題がないだろうと以前の私は考えていたが、間違いと気付いた。価値観は社員それぞれ異なり、「忙しいから仕方がない」は、人事や企業の言い訳だ。休日出勤が続くことで、社員のモチベーションは下がる。経営者や管理職は自分の判断で仕事ができるが、一般社員は自分の意志で行動できないことを、改めて考えさせられた。

タイムカードを打刻し、着替えに長い時間を要する社員がいる

対応のポイント

- 社員のモラル低下を見過ごさず、注意を促すことを徹底する
- 着替えの時間を労働時間とせず、その分を手当として支給する

危険な対応 制服に着替えてからタイムカードを打刻することを強要する

社員が制服で仕事に従事することを決めている場合は、着替えの時間も労働時間として認められるので、着替えてからタイムカードを打刻するような指示は間違っている。ただし、着替えに長い時間を要する状況は、社員のモラルの問題であり、着替え時間が長い社員に対して、注意することはできる。労働時間を逆手にとり、長々と着替えを行う社員は、短い時間で着替えている社員に対しても問題がある。

着替えだけでなくゆっくり化粧をするような状況を労働時間として認めず、着替えについて一律の手当を支給すれば、着替えた後にタイムカードを

打刻させることが可能だ。帰社の際の着替える時間も同様に、ゆっくり着替えるようであれば手当として支給すべきかもしれない。なお、制服を着ることを義務としていない場合は、労働時間として含めなくても構わない。

着替えの時間まで指示をしなければモラルが保てないようでは、社員のレベルに問題があるが、黙って見過ごしていれば当たり前の慣習になり、一層モラルが低下するだろう。

人事が長々と着替えている社員を黙って見過ごす行為に問題がある。時間を守り着替えている社員のモチベーションを低下させないためにも毅然とした行動が望まれる。休憩時間も同様に、1時間の休憩を5分遅れて戻ってきても何も言わない企業体質であれば、いずれその5分が10分になるだろう。

組織をルールで縛ることは得策ではないが、モラルを遵守する自覚が足りない社員に対しては、人事が注意を促しルールを適用する必要がある。たかが5分だが、数十名の5分になれば企業にとって大きな損失になる。経費と社員のモラル両面を考慮した上で、方策を講じる必要がある。

パートタイマーから有給休暇はないのかと言われた

対応のポイント
- 労働基準法を遵守する上でも、対象者に有給を支給する
- パートタイマーの質を高め、有給に見合うレベルに教育する

危険な対応
「有給などない」「嫌なら辞めていい」と、有給支給を否定する

パートタイマーでも有給を支給しなければならないことを人事や経営者は知識として理解している。入社後半年経過し、全労働日の8割を出勤すれば対象となるが、固定給の正社員と異なり、時給対象者の有給は取得することで新たな賃金が発生するため、実施を拒む企業もある。

質問をされる状況は、パートタイマー同士で話し合った上で、代表者が質問をしてきていることも想定できる。質問されて「当社は支給しない」と回答すれば、労働基準監督署などに相談する可能性が高い。もちろん、パートタイマーの有給支給は問題になる前に対応しておくべきだが、「支給しない」と

いう回答では通用しない。条件を満たしているパートタイマーに対して、有給を支給する体制を構築しよう。

以前勤めていた企業では、数百名のパートタイマーを雇用しており、有給休暇は会社にとっても利益を圧迫する大きな問題だった。短期間の雇用契約書を頻繁に取り交わし、支給対象者として扱わなかったこともあるが、結果モチベーションと生産性が下がった。そこで、支給対象者になる6カ月以内に費用を補填できるだけの能力を高めるスキル目標を設定した。目標に満たないパートタイマーは、契約を打ち切ることでパートタイマーの質を高めた。

同時に社員をより強固な戦力とするため、パートタイマーから準社員制度などに切り替えていく方法も検討しよう。1日6時間勤務のパートタイマーを固定給の準社員として登用し、業務範囲を広げることも可能なはずだ。正社員以上の能力があるパートタイマーもいる。より責任のある仕事に就いてもらい戦力として活用していくことで、有給に伴う人件費増加を補填しなければ、利益を構築できる企業にはならない。労働基準法を遵守した上で、勤務体制、労働時間、雇用形態の見直しを行い対処しよう。

忙しい時期に有給休暇を申請されて困っている

対応のポイント
- 時季変更権に該当する場合は、本人に変更するよう告知する
- 繁忙期にあえて取得する理由について分析し、対処する

危険な対応 「忙しい時期にとれるわけがない」と一方的に却下する

有給休暇の時季変更権を行使して、申請時期に有給が取得できないと拒否することは可能だが、時期変更権は有給を与えないのではなく、あくまでも希望する有給休暇の時期を変更するよう促すものだ。

社員が繁忙期であることを理解しているにもかかわらず、特別な事情がないなかであえて有給を取得する状況は、社員が企業に対して協力的ではなく、不満を抱いており、積極的に仕事に取り組む姿勢が欠けている可能性がある。

止むを得ない理由であれば繁忙期でも有給を認めるべきだが、忙しい時期に働きたくないため有給を申請する状況では、他の社員のモチベーションも

下がる可能性がある。仕事をしたくないから有給をとる社員であれば、有給の問題だけでなく仕事への考え方などを確認する上でも、面談が必要だろう。

人事は、原則として本人の申請に基づき、有給を支給しなければならないが、繁忙期にあえて有給を申請する社員の事情を把握した上で、本人の労働意欲なども見極めてみよう。繁忙期に有給を取得しようとする社員のなかには、退職願を提出する前に取得するケースや、転職活動における面接などで取得することも考えられる。有給の申請から、社員の状況をチェックし、原則として有給は支給するが、社員が何を考えているかを見極め、必要であれば、有給をきっかけに話し合う機会を設けることも大切だ。

店舗や支店がある企業では、上司の判断で有給を認めているケースがあるが、私が在職していた企業でも、部署により有給消化率が違っていた。有給がとれない部署は、上司が有給を申請しても「忙しい時期に何を言っているんだ」と有給取得を拒否していた。不服を申し立ててくる社員の後ろには、多くの不満社員がいることを認識しなければならない。

病気で長期休職をする社員の対応に困っている

対応のポイント

- 傷病手当金を活用し、病気を治すことに専念するよう促す
- 現場復帰できない場合は、時期を見て退職勧奨で退職を促す

危険な対応　休職と同時に「戻る場所はない」とすぐに告知し、退職するよう促す

病気などで長期間休職する社員がいる場合、就業規則の休職規定に当てはめて対応することが必要だが、休職する社員の不安な心理を考慮し、事務的に処理するのではなく、休職規程や傷病手当金などの支給についてもきちんと説明しよう。長期の療養が必要なため、復帰が難しいと考えられるときでも、治療に専念することが先決なので、現場復帰についてはタイミングを考慮して切り出すことが大切だ。

誰もが病気になりたいわけではない。予測しなかった病になり気落ちしているときに、復帰が難しいことを告げれば、直る病気も治らなくなる。数カ

月経過すると、本人も冷静になり新たな人生を考えるようになる。

復帰できる見込みがなければ、すぐに解雇すべきだと考える経営者や上層部がいるが、傷病手当金を申請すれば、社会保険料などの会社負担はあるものの、給与などの経費は発生しない。ある程度の時間が経過した時点で、本人の意向をふまえて判断しても遅くはない。病気や怪我で休職する社員をすぐに解雇すれば、既存社員が動揺することも予測される。

精神的な疾患で休職する場合は、一定の休職期間を設けた上で、家族にも同伴してもらい本人と面談をしよう。精神的な疾患であれば、医者の見解も必要になり、解雇を行使する場合でもそのことが原因でさらに病気を悪化させてしまうこともある。

休職規定を就業規則に設けた上で、社員が安心して働ける環境を整えることを、人事は率先して行わなければならない。病気や怪我で休職する社員は、少なからず落ち込み、現場復帰について不安を抱く。会社が一方的に解雇をするのではなく、充分な話し合いを持ち、辞めてもらう場合でも、できれば退職勧奨として本人の意志で退職を決断するよう人事は考慮しよう。

休日の会社行事に社員を参加させたいが、社員の表情が暗い

対応のポイント

- 休日の会社行事は、できる限り出勤扱いとして行う
- 可能であれば休日ではなく労働日に実施できるよう検討する

危険な対応

「行事に参加しない社員は、忠誠心がない」と一方的に判断する

休日に自由参加で会社行事に参加させる場合は労働時間とみなされないが、強制的に参加させる場合は出勤扱いとなり、労災などの適用範囲となる。会社行事への参加を社員に対する踏み絵のように考え、参加しない社員は忠誠心がないと考える経営者がいるが、自由参加であれば欠席する社員がいても、不服や文句を言ってはならない。

会社は、自由参加なのか強制的に参加すべきなのかを明確にした上で、社員に告知する必要がある。休日出勤扱いにして手当や賃金を支払いたくないため、自由参加として告知しながら、必然的にでなければならない状況は、

忠誠心が高まるどころか、不満が高まることになる。

会社行事であれば出勤扱いで参加させるべきだが、自由参加でも社員が参加したいと思う行事なのかを検討してみる必要がある。自由参加で意志を確認すれば、不参加が多くなることを懸念して自由参加にできないようならば、会社行事の内容だけでなく、社員のモチベーションに問題がある。自由参加であっても社員が喜んで参加する体質を築くことが大切だ。

自由参加であっても、参加できなかった社員の帰属意識が薄れることを考慮すれば、休日に会社行事を行うことが適切かどうか充分検討しなければならない。休日に行う会社行事であれば、自由参加ではなく出勤扱いとし、止むを得ず参加できない場合は休日とするような状況が望ましい。自由参加で休日を返上して参加した社員の多くは、何で休みを返上して参加しなければならないのかと不満を持つ。上層部や経営者には届かないかもしれないが、社員の多くが納得して参加しているとは限らないことを認識しよう。

また、自由参加で行事を行う場合は、事故が起きても労災として認定されないことも人事と経営者は理解しておこう。

COLUMN

社員の残業時間から職場の雰囲気を読み取ろう

複数の店舗や支店がある会社での残業時間には特に注意が必要だ。残業時間が多くても、一般社員は何も言えず不満やストレスが溜まっている可能性がある。一方で、毎月変わらない残業時間の部署では、残業時間を上司の指示でコントロールしている状況が予測できる。

管理職は夜10時まで仕事をしても、自分の考えで仕事をしているのでそれほど辛くはないが、先輩社員が遅くまで残っていて帰れる雰囲気でない職場では、一般社員が「お先に失礼します」と先に帰るのは難しい。

人事は、配属部署の一般社員の残業時間から、多くのことを読み取ることができる。サービス残業を強いている状況など、おかしいと思ったら配属部署のトップに状況を確認するようにする。社員の不満やストレスが爆発したときは、一部署の問題では済まず、全社の問題として訴えられることもあるのである。

第4章 職務能力・職務状況に関する対応策

配属部署の上司から年上の部下が扱いにくいと言われた

対応のポイント

- 多くは、年齢と立場の相反によるコミュニケーション不足から発生
- 関係がこじれている場合には、無理せず配置転換などを検討する

危険な対応

お互いがやりにくいのは仕方がないと具体的な策をとらない

実績主義の会社では、部下が年上になることも多い。現場から年上の部下が扱いにくいという相談が人事へなされることがある。人事は、まずどのように扱いにくいのか上司に確認をする。このときに注意しなければならないのは上司の説明だけを鵜呑みにしないことだ。上司に人事が直接本人と話すことを伝えた上で、年上の部下と面談しよう。

話を聞いてみると、お互いに遠慮や気を使いすぎていることが理由だったりする。双方のコミュニケーション不足が原因であれば、人事が上司を含めて面談を行うが、それぞれの主張があり、解決は容易ではないかもしれない。

上司が年齢に関係なく部下として対応しているか、上司は組織上では部下であっても人生の先輩として敬う気持ちがあるかという基本的なマナーが欠けていることもある。年上の部下が転職をしてきたとき、上司の能力を充分把握していないことと、新入社員として能力をアピールしなければならない気持ちが先立ち、人間関係がうまくいかなくなることが多いようだ。人事は、双方の言動や行動を見極め、適切なアドバイスを行わなければならないが、人間関係がこじれている場合、配置転換を検討することも考慮しよう。

人材という財産を有効に活用しなければ、経費だけが膨らんでしまう。社員の申し出を「仕方がない」で済ませず真摯に対応しよう。相手を思いやる気持ちが上司、部下を問わず、良好な人間関係の構築につながる。

人事向けセミナーでも、年下の上司の扱い方についてよく質問をされる。話を聞いてみると必要以上に年齢を気にして、年上だからと遠慮することで、コミュニケーションが不足することが多いようだ。

上司から反抗的な部下を解雇したいと言われた

対応のポイント

- 原因が人間関係にある場合は、配置転換などで対応する
- ヒアリングをしっかり行い、原因を明確にする

危険な対応 いきなり部下に対して「必要ない人材だ」と告知し、退職を促す

反抗的で指示、命令をきかない部下を解雇したいと配属部署の上司から言われた場合でも、すぐに解雇をしてはならない。上司から具体的にどのようなところが反抗的なのかを確認する。感情的なだけで、具体的な事例を上げられない場合、原因は上司と部下の人間関係にあるといえる。もし、業務命令に反抗的で、指示、命令をきかない場合は、解雇も選択肢になるが、事前に本人に改善を促す必要がある。問題を指摘し本人が理解した上で、暫く状況を見てみることが大切だ。

反抗する原因を本人から聞いてみよう。上司と異なった見解で反抗してい

ることもある。上司と部下の関係を改善できず、今後も継続するようであれば、部署を変えてみる必要がある。配置転換をして上司を変えても何ら変化がない場合は、会社で必要のない人材として解雇も検討すべきだろう。

上司と部下のコミュニケーションを良好に保つ上でも、挨拶をきちんと行い、指示、命令に極力ブレがないように、上司に改善を促すことも状況によっては必要だ。部下が反抗する理由を人事が判断した上で適切な対応をしよう。能力に問題があれば補填できるように研修やセミナーへの参加を人事が取りまとめよう。

解雇したいという申し出に対しては「社員の解雇要件をご存知ですか?」と質問をするようにしていた。多くの上司は、仕事ができないから辞めさせたいと言うが、「能力を引き上げるために、何をしましたか?」とさらに質問をすると、先輩社員にまかせっきりなど、曖昧な返答しか返ってこない。部下を育てる能力が上司としての力量になることを告げて、人を育てる大切さを理解してもらうよう努めた。

管理職採用の社員が既存の社員とうまくいかない

対応のポイント
- 上司として受け入れる歓迎ムードを人事が率先して作る
- 新管理職との定期的なミーティングは効果がある

危険な対応　管理職だからといって、現場任せにする

管理職で採用した人材は、既存の社員から、どれだけ仕事ができるか「お手並み拝見」という雰囲気で見られている。欠員募集では、前任者と同様もしくは前任者以上の仕事ができなければ、既存の社員とはうまくいかない。

管理職を採用して思うような実績がでない場合、新入社員は社内体制や部下のレベルが低いと責任を転嫁し、自分を正当化しようとする。求められる職務能力をクリアできないことをカモフラージュしようとするのだ。

既存の社員が新入社員を歓迎するムード作りを人事が率先して行おう。入社前から新入社員に情報を提供し、受け入れ態勢についても万全を期す。管

理職採用の新入社員に対しては、既存のやり方を否定せず、まずは受け入れることを指示し、評論家のような業務への批判を慎むようにさせる。逆に言えば、既存の社員と信頼関係を構築できないようでは、いくら優秀な人材でも問題改善や改革はできない。

私は、新人管理職と10分間ミーティングを入社から2週間継続して行った。「何か(問題が)ありますか?」という問いかけではなく、「~はどうですか?」と具体的な質問をして、本人に言葉を語ってもらうことで、状況を把握し必要な助言をした。既存の社員に対しても、毎日人事と新人管理職が話をする状況は、よい意味で刺激を与えたはずだ。

歓迎会などを行い、仲間意識を芽生えさせることも大切だが、酒が入ることで新入社員の気持ちが大きくなり、会社の現状や人材について否定的な意見を言えば、既存の社員は面白くなくなり、協力していこうとする気持ちが失せてしまう。人事は歓迎会でも新入社員と既存の社員の動向に注意しなければならない。

適性検査を実施したら、社員に動揺を与えてしまった

対応のポイント

- 適性検査の目的、使用方法などを説明し、社員の理解を得よう
- 検査結果を本人にフィードバックし、問題点、改善点を見つける

危険な対応　適性検査結果を公表せず、結果だけで配置転換や昇格、降格を行う

社員の自己分析が労働意欲につながると考え適性検査を全員に実施したところ、社員の不安を掻き立ててしまったことがある。適職が表示される適性検査だったが、現在の職種と異なる結果がでたことで、異動や解雇の対象になるのではと考えた社員がいたのだ。

適性検査などのアセスメントを社員に行う場合には、充分な注意が必要だ。適職が分析できる検査で、記載されている適職と現職が異なると、社員は少なからず動揺する。特に誇りを持って仕事をしている社員は、仕事へのこだわり持ち、現職が「天職」だと考えていることもある。

適性検査を行う前に、適性検査を実施する理由、どのような回答が得られるかなどを、社員に充分説明しよう。検査結果を本人に公表しないようでは、検査を受けた社員は不安になり、会社との距離が広がってしまう。

適性検査の目的は、本人の強みや性格を把握することにあるが、人事や経営者だけが知っていても日常業務で活かせない。社員にフィードバックをして、自己の強みや適性を把握させて、業務に活かすよう指示をする必要がある。

検査を実施する目的が曖昧ななかで、むやみに適性検査を実施すべきではない。社員力を高めるため、自らが強みと弱みに気が付き、仕事に活かしてほしいなど、人事だけでなく経営者や役員も賛同した上で実施しよう。

適性検査の結果はあくまでも参考資料にとどめ、本人の日常業務における実績や仕事に取り組む姿勢が優先することを社員に伝えよう。人事は社員のモチベーションを高める目的であっても、不安を掻き立てる目的はではないことを自覚しなければならない。

営業成績が悪い社員を辞めさせたい

対応のポイント

- 配置転換、教育などを含めて、営業成績を上げられるよう支援する
- 本人に危機感を持たすことで、改善する場合もある

危険な対応 安易に解雇を行い、他の社員に悪影響を与える

営業成績が悪い社員を安易に解雇すれば、他の社員は「次は自分の番だ」と考え、働く意欲が失せてしまう。他の社員に悪影響を及ぼさないためにも、成績の悪い社員を育てることを人事は考えなければならない。たとえば未経験の営業職をいきなり経験者と同様に現場に投入しても成果は出るわけはなく、そのまま必要のない社員と判断されてしまう。当然、徹底的な教育が必要だ。

ただし、前職の営業成績を配慮し高給で採用した営業社員が、実績を短期間で出せない状況であれば配置転換も難しい。このような場合では、本人と

面談を行い、成績が上がらない理由を聞き、判断しなければならない。営業として能力を発揮できなくても、他の部署では活躍する人材になり得る可能性を考え、配置転換も検討しよう。

私の経験でも、営業成績が悪い社員には配置転換を試みてチャンスを与えてきた。成績が悪い理由を事業部長と検討し、本人にとって何をすべきかを考え、実行した。配置転換の結果、上司との相性がよくなり成績が伸びる社員もいたし、まったく変わらない社員もいた。配置転換時に営業成績が悪いことを指摘した上で、改善できない場合は自社では受け入れ場所がないことを告げて、危機感を持たせると成績がよくなる社員もいた。

人事は営業部署と連携をとり、営業力を強化するために、座学を含めた営業トレーニングを実践しよう。今後強い組織を構築する上で、社員教育の差が企業の力の差として表れる。辞めさせることばかり考えず、育てる方向で上司が行動を起こせば、一定のラインまでは営業成績を上げられるだろう。教育や配置転換など、あらゆる手段を講じたがどうしても自社では活躍が期待できない人材のみを解雇すべきだ。

社員の過失により顧客から損害賠償を求められた

対応のポイント

- 通常業務における社員の過失は、会社が損害賠償責任を負う
- 同様の過失が生じないよう体制を構築する

危険な対応　経営陣が責任をとらず、本人に責任を負わせ退職に追い込む

　社員の故意による過失でなければ、顧客から求められた損害賠償を社員に追わせることはできない。社員の過ちだから社員が賠償するのが当然だと考える経営者がいるが、就業規則に明記してあるような故意による過失であっても、社員の教育体制などを問われれば、全責任を社員に負わせることはできないと考えられる。なによりも直属の上司や役員が本人に責任を負わせ、責任を逃れるような企業体質では、社員が定着せず、組織力は弱まる。

　顧客に対して誠意を尽くすことがまず企業として行わなければならないことだが、同時に顧客に対して同様の過失が発生しない体制を人事が中心と

なって構築しなければならない。損害賠償の責任は会社が負う場合でも、過失を行った本人と上司については、降格などを含めて、厳粛に対応しなければならない。誤りを犯しても何の処罰もない企業体質では、社員の危機感が薄れ、顧客への信頼を失う。

精一杯努力した上での過失に対して会社が責任をとる体制こそ、帰属意識が芽生え、会社のために頑張ろうと意欲がわくものだ。社員は言葉に出さなくても、会社の対応を見ながら、人生を拓せる企業かどうかを見極めている。

以前、顧客から損害賠償を請求されたとき、本人に責任を負わせ、さらに幹部一同が集まり問題を起した社員を責めるということがあったが、非常に後味の悪いものだった。本人の不注意であるものの、全責任を本人が負うような内容ではなく、他の社員は自分が当事者だったらと考えることで、モチベーションが下がってしまった。

企業に問題が起きると、社員の行動や言動から資質を見極めることができる。損害賠償を負いたくないため、部下に責任を押し付ける上司や、本人を村八分に追い込み無視する同僚などでは、企業の発展は望めないだろう。

改革のスピードについてこれない社員がいる

対応のポイント
- 能力を引き上げる教育システムを構築し、改革メンバーに引き込む
- 改革の必要性をわかりやすく説明し、「できない社員」と捉えない

危険な対応
「ついてこない社員は必要ない」と簡単に切り捨ててしまう

業務改善などを行う際、スピードについてこれない社員がいる。「年配だから仕方がない」「覚える気持ちがない社員は必要ない」と切り捨ててしまえば、改革はできても、それは一部の社員だけの改革であって企業としてのメリットは期待できない。

以前私が勤務していた外食チェーンでも、職人気質の調理人が多くいた。ネットワーク構築に伴い、全社員をパソコンスクールへ通わせ、キーボードの入力から勉強させた。最初は調理人がなぜパソコンを覚えなければならないのかと不満の声があったが、会社の方向性と、システム構築により顧客管

理や売上管理が容易になることなどを説明して、パソコンスキルがなければ仕事が難しくなるという危機感を持ってもらうことができた。最初は「やらされている」という意識で真剣に取り組もうとしないが、それを「やらなければ生き残れない」という意識に変えることが重要だ。

年配だからスピードについてこれないという先入観を持たず、改革の必要性を説明し、やるべきことを明確にすれば、会社に思いがある社員はついてくる。改革についてこれないのではなく、最初から改革のメンバーから外してしまうことで、本人が会社に批判的になるのだ。長年勤務している社員の知識や知恵も会社にとって大切な財産だ。改革を急ぐあまり、彼らの知識や経験を切り捨ててしまえば、企業の持つ独自性が失われる。

改革の能力が不足している社員を切り捨てず、能力を高める仕組みを構築し、仲間として引き込むことを実践しよう。「できない奴はついてこなくていい」という経営者の言葉では、社員のモチベーションは上がらない。改革についてこない社員とのコミュニケーションを怠ってはならない。

うつ病・パニック障害になった社員が出た

対応のポイント
- 本人と面談を行い、状況によっては家族などに連絡する
- EAPを活用し、心のケアを行う

危険な対応 「頑張れ」「何をやっているんだ」など、励ましや叱責をする

うつ病、パニック障害など、精神的な疾患は業務に支障を与えることになる。信頼していた上司から叱責されることで、翌日から仕事が手につかなくなり、出社できなくなる社員もいる。長時間の残業が続き休日も出勤する状況から、パニック障害になり電車も乗れなくなる社員もいる。それまで真面目に勤務していた社員の態度や行動が変わり、会社に対して批判をすることもある。なかには会社の労働環境が悪いから病気になったと訴えるケースもある。

これらの精神的な疾患が労災として適用されるか判断しなければならない

が、何よりも治療に専念させて、彼らから不服の申し立てに背を向けず、親身に話を聞こう。

本人が病状の自覚をしていないなかで、行動や態度が変わる状況も上司や人事は見過ごしてはならない。突然涙ぐむ、仕事が進まない、おかしなことを言うなど、日常と異なる言動があれば、本人と面談をする際、彼らに「頑張れ」「もっと真剣にやれ」などの言葉を投げかけてはならない。必要であれば家族などに連絡を入れて状況を説明する。いきなり聞かされた家族は、「そんなことはない」と否定するが、勤務状況をきちんと説明することで、納得し病院に連れて行く。

決して自慢できることではないが、過去にうつ病やパニック障害になる社員が何人かいた。労働環境を整備することは少なからず経費がかかるが、経費をかけることで、社員の生産性や意欲が増すことを考慮すれば、うつ病やパニック障害を起こさない労働環境を整備することを、人事が率先して考えなければならない。

怪我と違い、うつ病、パニック障害は、外傷がないだけに判別しにくいが、人事は配属部署から社員の状況を把握できる体制を整え、問題がある社員に対してカウンセリングができる状況を構築しよう。

複雑な人間関係で生じるうつ病を回避するためにＥＡＰ（従業員支援プログラム）を外部企業に委託し、社員の心の健康管理を行う方法もある。精神的な疾患になった本人が悪いという考えではなく、労働環境や人間関係を改善し、職場環境を整備する視点で、対応策を講じることが大切だ。

第5章

異動・配属に関する対応策

異動が不服で従えないと社員から言われた

対応のポイント

- 入社時に勤務地特定の契約がなければ、原則として異動は可能
- 内示を義務付け、異動後の役割や期待することを伝える

危険な対応 「嫌ならいい」と不服を受け入れながら、退職勧奨を行う

入社時に特定の勤務地を指定した雇用契約をしている場合を除き、正社員は異動を拒否できない。入社時に雇用契約書で勤務地を指定していても、有期雇用でなければ異動や配置転換を行うことはあり得る。

社員の申し立てを受けないためにも、就業規則に勤務地を変更することがあり得ることを明記し、入社時に就業規則を説明して、将来異動があり得ることを自覚してもらう。

異動時には、辞令だけで行わず事前に本人に内示を行うことである程度は不満を抑えることができる。社員はモノではないので、異動を行う目的や異

動後の役割をきちんと伝えて実施しなければ、不服の申し立てはなくても気分よく異動しない状況が発生する。

家庭の事情で単身赴任でも異動できないなど、社員の環境により異動を拒否することがあるが、原則は特例を認めるべきではない。介護が必要だから異動しなくていいという社員の希望を認めれば、他の社員も同様の理由を認めざるを得ないことになる。社員の置かれている状況を把握した上で異動を考慮することはあっても、内示は異動する社員の了解を得ることが目的であり、社員の事情を確認することが目的ではない。

異動、配属をいきなり行えば、「できない」と不服を申し立てる社員もいる。そのため、私は事前に上司もしくは役員が本人と話をし、内示を行うことを徹底した。内示の際、明らかに難しい異動であれば、異動を撤回することも稀にあるが、多くは新しい部署への不安があり拒否するケースが多い。上司、あるいは会社として期待していることを告げ、気持ちよく異動してもらうよう努めた。

異なる職種への配置転換に応じない社員がいる

対応のポイント

- 配置転換があることを就業規則に明記し、入社時に説明する
- 試用期間で能力を判断し、異なる部署への配属もあることを伝える

危険な対応

異なる職種を拒否すれば、自社で必要ない人材だと脅かす

異なる職種への配置転換を拒否する社員がいる。原則として社員が配置転換に応じないことは認められないが、やる気がなく不満な気持ちで異動しても、異動後の成果は期待できない。技術職から営業職など、今まで携わった経験のない職種へ就くことは、積み上げてきた仕事への未練と経験のない職種への不安が生じる。配置転換をスムーズに行う上でも、未経験であれば研修システムを構築して安心して異動できる体制を整え、説得しよう。

中途採用では、試用期間中に会社が必要とする能力を満たしていないために、異なる部署へ配置転換することがあるが、このときには本人の能力が劣

ることを具体的に示して理解を得よう。ただし、試用期間で達成すべき業務を入社時にきちんと示しておく必要はある。

何の説明もなく、募集職種と異なった部署に配属されれば、新入社員は騙されたと受け取るだろう。事前に試用期間でチェックするポイントを明確にしておけば、求められている能力を満たしていないことが歴然となり、異なる職種へ異動しても本人からクレームは出ない。

そのためには、異なる職種への配置転換があることを就業規則に記載しておくことが必要だ。採用時においても、能力を満たさない場合は試用期間時に配置転換を行う可能性について触れておくべきだ。

「やりたいことしかやりたくない」と考えている社員がいるが、必要な部署に必要な人材を配置できない企業は、少しずつ戦力がダウンし、いずれ衰退する。配置転換が本人のためにあることを、充分に説明した上で、配置転換後の仕事に目標を持って取り組める環境を提供することが、モチベーションを高める結果につながる。そして異なる職種へ就く不安を払拭するためには、今までの経験を活かせることを説明しよう。

賃金減少を伴う異動に応じない社員がいる

対応のポイント

- 異動の目的やキャリアパスを説明し、賃金の減少への理解を得る
- 経営者、社員双方の立場を考え、不満を蓄積しない環境を構築する

危険な対応　異動しなければ、勤務する場所がないなど、社員を脅迫する

店舗から本部へ異動するときなど、異動に伴い手当などがなくなり賃金が下がることを不服として異動を拒否する社員がいる。これは事前に本人に本部における業務内容やキャリアパスをきちんと説明していないことで起こることが多い。

残業が多い部署から残業が少ない部署への異動も、残業が生活給となっている社員には、賃金の減少が生活に影響を与えるため納得しないこともあるが、原則として社員は異動を拒否できない。降格人事では、役職手当が異なり賃金が少なくなるが、上司もしくは人事がなぜ降格になるのかきちんと説

明しなければ、社員は会社への不満を抱く。

社員が働く目標を失えば、会社が期待する成果をあげることができず、人件費だけが膨らんでしまう。人事は社員が目標達成意欲を持って仕事に取り組めるよう仕組みを構築しなければならないが、社員の動揺を顧みず、事務的に人を動かすようでは、その役割を果たしているとは言えない。

労働基準法で異動に対する裁量権を認められていても、社員が納得しない異動が続けば、企業はいずれ衰退する。賃金が一時的に減少しても将来へのステップであることや、降格人事であっても再び昇格するチャンスがあることを説明しなければ、社員の帰属意識が薄れ、組織力は低下する。

私は、降格人事を行う際、所属の上長と人事で本人に対して降格理由をきちんと説明し、再び昇格することを期待していることを告げるようにしていた。降格を経験し再び昇格した社員は、スムーズに昇格した社員以上に活躍するケースが多かった。

出向命令に納得できないと社員から言われた

対応のポイント

- 転籍出向では就業規則への明記、本人の合意を必要とする
- 出向の目的、趣旨、能力を発揮できる環境について説明する

危険な対応　出向先の詳細を説明せず、事務的に処理をする

出向には在籍出向と転籍出向がある。在籍出向は籍が出向元企業にあり、就業規則などで「出向を命じることがある」と記載されていれば、社員が同意しているものとみなされ、社員はそれを拒否できない。一方転籍出向は出向元から出向先に籍が変わるため、就業規則に明記されていても原則として本人の合意を必要とする。転籍出向では現職の籍を失うので、再び戻ってくる可能性は少ない。このように在籍出向と転籍出向で対応が異なることを理解しよう。

出向を命じる場合、少なからず将来への希望が薄れ、条件が悪くなると社

員は不満を持つが、出向先で行う業務や期待されていることを示した上で、現在の待遇とできる限り相違がないような配慮が必要だ。出向元をリストラされて出向になるという意識では、出向先における成果は期待できない。

企業は利益を追求し、社員は個人の立場を尊重するため、双方で問題が生じることがある。起こり得る事態を想定し就業規則に明記するだけでは、社員の理解は得られない。不安を払拭する上でも、出向の目的や趣旨を明確にするために該当者とのコミュニケーションを密にとることが大切だ。

本人と話すと不満や要望を聞き入れなくてはならないと考え、接触を拒む人事がいるが、避ければ避けるほど、不服とする気持ちが強まり、出向社員だけでなく既存社員にも影響を及ぼす。出向を命じる上で、出向先で必要としていることを具体的に示し、存在価値を伝えることが大切だ。出向先企業だからこそより能力を発揮でき貢献できる人材になり得ることを伝えよう。突然出向を命じられる社員の気持ちを考慮し、人事や上司が親身になり説明する必要がある。

COLUMN

中途採用の管理職社員に注意を払う

以前経理職の課長として採用した社員は、経験も豊富で短期間で戦力となることを期待していた。入社して数日後に、「こんな経理のやり方では……」と、現状を変えることに着手した。それまで行ってきたやり方を批判されたと受け取った部下は、新しい上司に不満を抱き、しまいには、上司が指示をしても返事をしない状況になった。

本来、新人上司と部下がうまくいっていない状況を察知し、人事がすぐに対策を講じなければならなかったのだが、新人上司の思うようにやらせてみたいという気持ちが事を大きくした。その上司は返事をしない部下に対して、机の物を投げつけてしまったのである。

感情的になってしまえば、人間関係はこじれてしまう。面接時には、人柄もよく短気でキレやすい人だとは思わなかったが、これが原因で新人上司だけでなく、返事をしなかった部下も辞めてしまったのである。

第6章 採用に関する対応策

社員に試用期間で辞めてもらいたい

対応のポイント

- 試用期間でも14日を超えていたら辞めてもらうときは解雇と同じ
- 説得時には、本人の可能性を否定せず、他社での可能性を示唆する

危険な対応 「明日から来なくていい」と安易に解雇を告知する

就業規則で試用期間を3カ月と定めている場合、3カ月以内であれば容易に解雇ができると考えている経営者や配属部署の上司がいるが、試用期間中であっても、14日を超えて使用した場合の解雇は、通常の解雇と同様に30日前の解雇予告か30日分の解雇予告手当を支払わなければならない。ただし、解雇予告の日数は、平均賃金を支払った日数だけ短縮することができる。

試用期間中の解雇理由としては、「勤務成績や業務能率が著しく不良で向上の見込みがなく他の職務に転換できないとき」「勤務状況が著しく不良で改善の見込みがなく従業員としての職責を果たし得ないとき」「精神または身体

の障害について、適正に雇用管理を行い、雇用の継続に配慮しても障害により業務に耐えられないとき」などがあげられる。

基本的に解雇はしにくいので、試用期間で辞めてもらうときは本人に納得してもらうしかないが、そのときは、本人の能力を否定するのではなく別の可能性を示唆することが重要だ。退職を促すときには「慣れないことは充分理解しているが、残念ながら自社では能力を発揮できないようですね。あなたには、～という可能性があると思います」とアドバイスを行うのである。

「今度の新人は使えない。試用期間で辞めてもらう」と現場から人事に連絡が入った場合も、上司の一方的な見解だけで判断せずに充分注意する必要がある。上司を変えることで、見違えるように頑張る社員もいる。必ず本人からも話を聞くべきだ。

14日以内であれば解雇予告が必要ないという理由だけで、安易に解雇を考えてはならない。能力に不足があれば、配置転換や本人に達成すべきハードルを示し、努力を促すことも必要だ。

試用期間を延長したい

対応のポイント

- 試用期間延長の理由は、就業規則に明記し、入社時に説明する
- 配属先だけの意見ではなく、双方の話を聞き客観的に判断する

危険な対応

一方的に試用期間延長を通告することで、新入社員が不信感を抱く

試用期間の延長は、採用を前向きに考慮した上での延長だと納得しなければ、新入社員の不信や不満の原因となる。

通常の勤務状況でありながら、試用期間をむやみに延長すれば、何を見極めているのか不信感が募る。法律的にも就業規則で試用期間延長について明記している内容に該当しない場合、原則として試用期間を延長することはできない。

新入社員にとって、使用期間から本採用になるかは、非常に重要な問題であり、試用期間中のプレッシャーは人事が考えている以上である。やむを得

ず試用期間を延長する場合は、人事は本人と面談をして今後のスタンスについて説明しよう。

ただ、試用期間の延長理由が、体調不良のように本人の責にある場合には、「体調管理ができていないようですね。会社規定にもあるように、現状では本採用を見極めることができません。会社規定に基づき、試用期間を延長します」と、毅然とした態度で事務的に伝えることも必要だ。

人事と新入社員の信頼関係が構築されていれば、試用期間延長の説明について新入社員も納得するが、不信感を抱いている状況では、さらに不信感が高まる。試用期間延長は、期間内に明確な判断ができないため、延長しても前向きに判断したいために行うことを説明し、本人の理解を得るようにしよう。

採用したい応募者と給与額が折り合わない

対応のポイント

- どうしても必要な人材なら、規程に縛られずに採用する策を考える
- 期限付きで給与を上乗せする調整給を検討する

危険な対応 明確な理由・基準もなしに、高給で雇用する

応募者に熱意と能力があり人間性も問題ないが、生活環境などからどうしても高い給与が必要であれば、方策を考えてみてもよいだろう。しかし、中途採用の社員を他の社員とかけ離れた給与で採用すると、他の社員のモチベーションは一挙に低下してしまうので注意が必要である。

ひとつの方法が、その人材に対する期待値を給与で示す場合、調整給として入社時に支給するというものだ。入社後数年で期待する役職や能力を見越した給与を初任給とし、あらかじめ提示した条件を入社後満たさない場合は、調整給を外すことを本人に告知する。能力のある人材であれば、自信がある

ので快く受け入れるが、不安を抱く応募者は、この時点で躊躇するだろう。

給与の折り合いがつかないから採用できない状況では、企業の人材力はいつまでたってもアップしない。自社で求める人材で、既存社員で該当する者がいなければ、給与規程にそぐわなくても採用しなければならないこともある。採用業務は、杓子定規なことばかり行っていてもうまくいかない。どうしても採用したい人材であれば、調整給などの具体的策を高じて、経営者を説得してでも採用を行う強い意志が必要だ。

給与が折り合わないが採用したい応募者に対して「2年間、店長手当を前倒しで支給しますが、2年以内に昇格できなかった場合は、手当がなくなります。チャレンジしますか?」と本人にチャレンジ精神を掻き立てる質問をしたうえで、承諾を得て採用したことがある。役職手当を前倒ししてでも採用した社員全員が期間内に昇格できたことは、見る目に狂いはなかったと自慢できる。

内定者から内定辞退を告げられた

対応のポイント
- 内定辞退の本当の理由を分析し、フォローを行う
- 説得時には、自社での活躍する姿をイメージさせる

危険な対応 感情的な口調で来社を促し、内定辞退者を厳しく問い詰める

内定者から辞退を告げられることは、人事にとって非常に残念でありショックだ。内定辞退が多い場合、採用方法や労働条件などに問題がないか検証してみよう。内定辞退の理由について質問をしても、「給与が安いから」「社風が馴染まないから」という辞退者の本音を聞けることはまずない。当たり障りのない理由で誤魔化すのが一般的だが、人事は、辞退者の言葉をそのまま受け取るのではなく、なぜ辞退をしたのか本質を検証する必要がある。応募者が採用担当者を信頼している場合、辞退の申し出の前に相談を受けることがある。「家族と相談をしたが、給与面でどうしても折り合わない」「他社

と比較をして悩んでいる」など、辞退を決断する前に相談を受ければ、対処方法が見つかることも多い。

内定辞退を告げられると、採用担当者は感情的になり応募者を追い詰めることがあるが、厳しい口調で問い詰めれば、内定者も感情的になり解決の糸口は見つからない。内定辞退の申し出を受けたら、相手の立場になり親身に相談にのることで、辞退を撤回できる可能性もある。自社におけるキャリアプラン、活躍する姿をイメージさせて、他社との違いを明確にしよう。労働条件などの問題の場合、既存社員との兼ね合いもあるので、特別扱いはできないが、どうしても必要な人材であれば、雇用形態などを含めて検討してみよう。

新卒採用であれば、入社までの期間が長いため、内定者の動向を常にチェックし、対処する必要がある。メールを出しても返事がこない、必要な書類を提出しない、電話の受け応えがよくないなど、変化が見られたときは、入社意欲が失せていることも考えられる。内定辞退を防ぐ何よりの方法は、内定者に気配りをして、構ってあげることなのだ。

通常渡していない雇用契約書を内定者が求めてきた

対応のポイント

- 書面で明示が必要な事項について記載した雇用契約書を作成する
- できる限り、内定者に来社してもらい、直接手渡すようにする

危険な対応

「入社後に条件を提示する」「面接で伝えている」とごまかす

中途採用では、経験や年齢などにより採用の諸条件が異なるため、内定者はどのような条件で採用されるのかを知りたいのは当然といえる。しかし、なかには内定を通知すれば入社するものと考え、諸条件を提示しない企業もある。雇用契約は口頭でも成立するが、労働基準法では書面で明示するよう定められている項目もある。本来、内定者から求められる前に雇用契約書を書面で渡すべきだが、面接時に伝えたことを理由に、内定まで採用条件を提示しない企業も多い。

もちろん、内定者から雇用契約書を求められたら、速やかに提示しなけれ

ばならないが、できれば内定を通知した段階で、一度来社してもらい雇用契約書を本人に説明して手渡す配慮が必要だ。内定者と会話をすることで、入社する意志があるかを、表情や語調から見極めることができる。書面のやりとりだけでは応募者の気持ちを把握できず、内定を辞退される可能性もある。

雇用契約書を求められたときの、応募者の語調に注意しよう。不信感を抱き依頼しているのか、入社意欲が高く連絡をしてきたのかはチェックしておきたい。経営者の判断で給与が決まるため、入社前に提示できないと語る人事担当者がいるが、このような対応では、応募者の入社意欲は一気に失せてしまう。経営者に事情を説明したうえで、雇用契約書を提出できる体制を構築しなければならない。

書面での明示が必要な事項

❶ 雇用契約期間の有無(期間を定める場合は原則3年まで)

❷ 就業場所、従事する業務の内容

❸ 始業、終業時期と休憩時間、所定休日、休暇、残業の有無

❹ 賃金の決定、計算、支給方法(締切日と支給日を含む)

❺ 退職、解雇事由に関する事項

新入社員が定着しない

対応のポイント

- 会社側の視点ではなく、新入社員の視点で原因を探る
- 「近況報告書」などから新入社員の状況を読み取る

危険な対応　配属後のフォローをすべて現場に任せてしまう

大卒採用の3割、高卒採用の5割が3年以内に退職してしまうというデータがあるが、新入社員の定着について真剣に考えたことがあるだろうか？

大卒採用が3年生の秋から1年半にわたり継続することで、とても新入社員の定着まで手が回らないと嘆く人事担当者がいるが、せっかく採用しても戦力になる前に辞めてしまう状況であれば、採用そのものが無駄だと言われても反論できないだろう。採用、配属までは親身に新入社員に対応するが、配属後は現場任せでは、新入社員の定着は難しい。新入社員が入社直後に社内で頼れる人は、人事担当者しかいないことが理解できれば、配属後のフォ

ローの重要性もわかるはずだ。忙しさや配属後は現場で育てるという考え方は、人事の言い訳に過ぎず、新入社員のことを考えた仕事とは言えない。

新入社員の動向を探る上で「近況報告書」の提出は効果がある。毎月月末に人事・経営者に提出してもらうのだが、文面から本人の状況を読み取り、「辞めたい」と申し出る前に迅速に対応できた。その他、新入社員の連帯感を強めるため3カ月に1度行った研修と懇親会も定着率アップにつながった。

社員が定着しない理由を、新入社員の視点で考えてみることが大切だ。会社に都合のよい考え方で、辞めていく人材が悪だと捉えていたのでは、定着率が改善されるわけがない。面接時に、入社してもらいたいばかりに、会社の都合の悪い部分を充分に説明しなかったことはないだろうか?

新入社員に不信感を抱かれないためにも、自社の現状について採用時にきちんと説明し納得してもらうことで、退職を防ぐことができる。求職者は、完璧な企業を求めているわけではないが、騙されたと感じることで、会社へ不信感を抱き、転職へと気持ちが動くのだ。

業績が悪いので内定取り消しを行いたい

対応のポイント

- 内定取り消しは、解雇と同様であり、正当な理由が必要
- 経営者や人事だけの判断ではなく、外部の専門家への相談も重要

危険な対応　内定者へ詳しい説明もなく、書面などで事務的に内定を取り消す

内定取り消しを安易に考えている人事担当者はいないと思うが、内定取り消しは、入社日、勤務地などを告知した段階で労働契約が成立したと考えられ、労働基準法の「解雇」にあたる。解雇が合理的と認められる正当な理由がなければ、解雇は無効になることを認識しよう。

新規学卒者の内定の取り消しは、あらかじめ公共職業安定所などに届け出る必要がある（職業安定法施行規則第35条第2項）。

本人が履歴や職歴を偽っていた場合や、内定後、健康上の問題で業務を遂行できないことが発覚した場合などで内定取り消しを行うケースでも後々、

民事訴訟を起こされる可能性もあるため、事前に労働基準監督署などに相談をしよう。経営状況が著しく悪化したため内定取り消しを行う場合でも、経営状況の悪化をどのように捉えるかで、内定取り消しに該当するか否かの判断は異なる。採用段階で悪化していたにも関らず、内定を出したのであれば、内定後の急激な変化とは認められない。

内定取り消しを実施する場合は、労働基準監督署だけでなく、弁護士、社会保険労務士など、専門家の意見をふまえて実施する必要がある。

経営者の一言や人事だけの判断で、内定取り消しの処理を行えば、社会的な風評を含め、取り返しのつかない事態になることも予測できる。

限られた時期に各企業が内定を出す新卒採用で、内定取り消しを行えば、学生は新たな就職先を見つけることが非常に困難なり、転職者は前職を退職しているため路頭に迷う。内定取り消しを行使することは内定者の生活や今後の人生に影響する重大な問題であり、書類や電話だけで簡単に行えるものではないのだ。

採用段階で気付かなかったが提出書類に偽りがあった

対応のポイント

- 故意によるものか、単なるミスかを見極めなければならない
- 採用段階で判明すれば採用しなかった状況であれば、解雇も検討

危険な対応　黙って見過ごす、あるいは本人の言い分を聞かずに処罰する

採用後、提出された履歴書や職務経歴書に偽りが判明するケースがある。たとえば、雇用保険の喪失が前職でなされていないため、履歴書に記載されている企業に問い合わせたところ、自己都合による退職ではなく解雇であった、あるいは源泉徴収票の提出を求めたが所得が著しく少なく、職務経歴書に記載されている退職時期と異なっていたなど、提出された書類に偽りがある場合、人事担当者はどのように対処すべきだろうか。

採用試験で提出する書類を故意に偽り記載することは、詐称に該当するので、その事実が採用段階でわかっていれば採用しなかったという重大なもの

であれば、解雇に該当する可能性がある。この場合には、故意に行ったものかどうか本人に確認し、さらに本人の能力を見極めた上で対応を協議しよう。

一方で、職務経歴書にすべての経歴を記載するか否かは、応募者の判断による。面接時に記載されていない経歴の有無を確認していないのであれば、記載していないことを偽りとして取り扱うべきではない。勤務の期間が3カ月以内の企業名を記載しないよう指導しているキャリアカウンセラーもいるのである。

採用試験で面接官がブランク期間について質問をしたにもかかわらず、偽りの回答をしたのであれば、職歴詐称に該当するが、確認をしなかった場合は、見抜けなかった面接官にも責任がある。

どうしても入社したいため偽りの内容を記載してしまった応募者心理を理解した上で、現在の職務能力と照らし合わせて、必要な人材かどうかを見極めることが大切だ。もし、そのまま雇用するにしても、偽りの書類は放置せず、すぐに再提出してもらうのは当然のことである。

入社後に急に元気がなくなった社員がいる

対応のポイント
- 新入社員へ率先して声を掛け、問題がないか具体的に尋ねる
- 待遇面などの不満には、しっかりとその理由を説明する

危険な対応
新入社員の態度に問題があっても、見て見ない振りをする

採用試験では、明るくモチベーションが高かった人が、入社後しばらくすると元気がなく眼力もなくなってしまうことがある。新卒新入社員であれば、大きく環境が変わり体調を崩していることも考えられる。中途採用の新入社員であれば、入社前の条件と異なることを不服としている可能性もある。

新入社員の心理状態は、態度だけでなく挨拶の語調や視線から見極めることができる。不満を持っていれば、元気がなく視線を相手からそらして挨拶をする。このような状況を人事が読み取れず、何も感じないようであれば、その会社は社員の定着率が低いに違いない。「困ったら何でも相談しなさい」

といくら人事が言っても、実際には新入社員からは入社前と条件面が異なることや上司との人間関係について申し立てがしにくいことを理解しよう。

人事から新入社員に率先して声をかけ、心理状況を見極めなければならない。私は、新入社員から言葉を引き出すために「今、仕事で苦労していることは何ですか？」「前職と異なる部分を説明してくれますか？」など、ワンセンテンスでは回答できない質問を投げかけ、状況を見極めた。「元気でやっている？」といった質問では、回答から態度が異なる理由を判断できない。たとえば残業が多いことに悩んでいるのがわかっていたとしても、人事が声をかけ、本人と会話をすることが大切なのだ。

待遇面などで不満がある場合は、本人の言い分を聞いたうえで、会社のスタンスをきちんと説明しなければならない。自社の社風だから仕方がないと曖昧な態度で放置すれば、優秀な人材は間違いなく退職していく。人事は、採用することだけが業務ではなく、社員を有効に活用することまで考えなければならないのだ。

新入社員が前職の源泉徴収票を提出しない

対応のポイント

- 提出しないのには理由があり、その理由を確認し対応する
- 行動しない社員には、厳しく対応することも必要

危険な対応 本人の承諾を得ず、前職の企業に問い合わせをする

新入社員が前職の源泉徴収票を提出しない場合、前職の企業に依頼をしているが送られてこないという理由が一般的だ。源泉徴収票がなければ年末調整ができず事務処理が滞ってしまう。催促をしても提出されない場合は、提出を再度促すと共に、前職の企業にいつまでに送付するか、明確な日時を確認するよう伝える。

転職者のなかには、円満に退職をしていないため依頼できなかったり、退職時期が職務経歴書に記載した時期と異なっていて、本当は前年度に退職していることも考えられる。人事は、疑いの目で本人と話をするのではなく、

事実を語るために話しやすい環境を整え、実情を把握しなければならない。

人事は、新入社員を追い詰めることが役割ではないが、提出期限に余裕がありながら提出を拒むようであれば、提出できない理由を確認して対処しなければならない。極端な話、その新入社員が再び転職を考えている可能性もあるのである。

どうしても提出を拒むようであれば、本人承諾のもとで人事から前職の企業へ直接確認をすることを検討しよう。本来、入社時に提出できる書類であり、提出を拒む場合は、遅れている理由を確認すべきだ。

提出しない新入社員に対して「前職は、～ですよね。連絡できないようでしたら、こちらから連絡しましょうか?」と話すと、「私がすぐに連絡をします」など、行動を促すことができた。なかには、円満に辞めていないため連絡できないと本音を語ることもある。そして、「お願いします」という言葉だけでは行動しない社員には、厳しく対応することも必要だ。

入社前の話と違うと新入社員から言われた

対応のポイント
- 感情的にならず、新入社員の言い分を冷静に聞き対処する
- 会社に落ち度があるミスであれば、速やかに謝罪し訂正する

危険な対応
「仕方がない」「説明をしている」といい含める

採用時に会社に都合のよいことだけを強調し、入社を躊躇するような内容に触れないケースでは、入社後に新入社員から話が違うと言われることがある。面接時に「残業時間はどの位ですか？」と質問されて、「部署によって異なるが、繁忙期を除けばそれほど多くない」という回答を信じて入社したにもかかわらず、毎日4時間以上の残業があるようでは、新入社員は騙されたと受け取るだろう。「部署によって異なる」「繁忙期を除けば」という表現は、「部署によっては多い」「繁忙期が続く」などのネガティブな要素を隠すために使ってしまうこともあり、応募者との見解にずれが生じることが多い。

もし、新入社員から入社前の話と違うと言われても、感情的になってはならない。感情的に対応すれば、間違いなく新入社員は憤りを感じ、労働基準監督署などに訴えられて問題が大きくなる可能性がある。また、人によっては退職も辞さない覚悟で「話が違う」とクレームを言いにくる。まず相手の言い分を冷静に聞き、自社の体制や状況を説明しよう。

行き違いは些細なところからも発生する。面接時に希望給与を聞く際、面接官は総支給額だと判断し、応募者は手取り金額で語れば、社員は入社後の給与明細書を見て大幅に違う金額にショックを受ける。入社前の話よりも給与が1円でも少なければ、新入社員は面白くない。入社前に雇用契約書を取り交わすことで行き違いは防止できる。

まずは、話が違うと言われたとき、相手の気持ちがどのような状況かを見極めてみよう。労働環境などの問題であれば、改善している状況を説明することで、気持ちが治まることもある。給与計算の誤りなど、人事に責任がある場合は、速やかに謝罪し、できる限り早急に対処する。給与であれば翌月に繰り越さず、当月に修正する配慮が重要だ。

求人で思うような結果が出なくて現場からクレームがきた

対応のポイント

- 現場と密にコミュニケーションをとり、状況を逐次流す
- 採用の段取りは人事が行い、採用試験では現場スタッフを巻き込む

危険な対応 「応募者が集まらないので仕方がない」と開き直る

現場の欠員や増員のための募集を行っても、思うような人材が採用できないことが続くと、それが現場からのクレームになることがある。現場では、人員が充足できずに業務に支障をきたすことから迅速に採用を行ってもらいたいと考えている。

一方で人事は、求人広告の反響が少ないことで、自社に見合う人材の応募者がないことを理由に放置してしまう。このような状況が続くと、現場と人事に溝が生まれ、亀裂が生じる。「人事は現場の状況をわかっていない」と現場は考え、人事も「応募者が集まらないから仕方がない」と開き直ってしまう

のだ。

私にも同様の経験がある。そのときは現場のトップに採用できないことを詫びたうえで、地域性を考慮した給与等を共に検討し速やかに対策を講じた。理由はどうであれまず謝罪し、現場のトップを巻き込み対策を講じることがクレームの解消につながるのである。

現場スタッフの採用は、人事と現場が連絡を密にとり、状況によっては、現場と共に面接を行う体制を構築しなければならない。求人広告や採用試験の段取りは人事が行うにしても、面接では現場の代表者を立ち合わせ、必要な人材かどうかを現場が判断するという流れを作るべきだ。

現場スタッフを採用に関わらせることで、自ら採用した新入社員を育てようとする意識が強まる。人事から一方的に配属された人材では、新入社員のマイナス面を過大に受け取り、「こんな人材では役に立たない」とクレームを付けることもあるのだ。企業にはそれぞれやるべき職務があるが、採用においては、現場を巻き込み採用を行うことが大切だ。

COLUMN

他社にない魅力が勝負を決める

これまで求職者に興味を持ってもらうために、多くの対策を講じてきた。「週休3日制いよいよスタート」「入社後すぐに海外研修」「年収1000万円も夢ではない」「社長の片腕になってください」など、キャッチコピーの打ち出し方だけで、応募者の反響は大きく変わってくる。もちろん、これらはキャッチコピーに基づいた業務改善を行った上で打ち出さなければならないが、求職者が何を求めているかを考え、メッセージを発信すれば、間違いなく応募者は集まる。

採用業務は、「こんな人材が欲しい」「～ができる人が必要だ」と企業の視点で行いがちだが、「こんな企業に入社したい」という求職者側の気持ちになり考えてみることで、新たな採用方法が見えてくる。

求人広告では、他社にない魅力を打ち出し、求職者の気持ちをワクワクさせることが重要なのだ。

第7章 退職に関する対応策

社員から突然会社を辞めると言われた

対応のポイント

- 辞めていく理由を確認し、問題を先送りしない
- 退職を申し出る前に、社員の行動や態度の変化に気付き対処する

危険な対応 引き留めたいときに「なぜ辞めるのですか？」と切り出す

社員から突然退職の申し出があった場合、退職する本人が業務に及ぼす影響を人事は検討しなければならない。突然の退職の申し出に対して、人事は現場任せにせず、現場の責任者と共に本人から理由を聞こう。

もし、退職したいと言ってきた社員を引き留めたいならば、いきなり「なぜ辞めるのですか？」と切り出すのはタブーである。これでは社員は辞める理由を正当化するだけで、退職を引き留めることはできない。「残念ですね。期待しているのですが……」と切り出した上で理由を確認し、対応を考えよう。「期待していた」ではなく「期待している」という言葉から、本人が考え直す余

地を与えることが大切だ。

一般的には、辞めていく社員が悪いと決め付けてしまう風潮があるが、人事は公平な立場で冷静に話を聞き、対応できることはすぐに解決するよう行動しなければならない。社員の退職を一時的に撤回できても、多くは半年もしないうちに再び退職を申し出る。社員は、退職を申し出る前に、仕事が雑になる、態度が横柄になるなど、何らかのシグナルを発信しているので、シグナルに気付き申し出の前に対処することが大切だ。突然退職を申し出る社員のなかには、転職先からすぐ入社を希望されているケースや、退職を切り出せない職場の雰囲気で突然の申し出になってしまうこともある。

他の社員は、退職者に対する会社の対応を黙って見ている。就業規則で「退職は1カ月前に申し出る」と明記されていても、ルールに従わず突然辞める社員を会社が容認すれば、他の社員に悪い影響を及ぼす。

退職する社員が早まったかもしれないと後悔する環境を整備することも、人事の仕事だ。突然辞めていく社員の本音から問題の本質を探り、人事が率先して対処しよう。

給与が低くて退職したいと社員から言われた

対応のポイント

- 給与が低いことが退職理由の場合、安易に昇給してはならない
- クリアすべき条件を提示したうえで、社員の反応をチェックする

危険な対応　内密に昇給を行い引き留める

給与が低いから退職したいという申し出に対して、引き留めたいために給与を上げてしまう経営者がいる。退職を申し出れば昇給してもらえるという風潮では、他の社員のモチベーションは上がらない。

このような申し出に対して、給与をすぐに調整するような対応は行うべきではない。自社で必要な人材であれば、クリアすべきハードルを設けて、達成を条件に給与を昇給するという話をすべきだ。

「3年後の給与を想定していますか?」「そのために何をしなければならないと思いますか?」と、3年後の予測できる給与を提示し、モチベーションを

高めるよう促す。「今まで築いてきた経験があるからこそ今後の給与に反映する」という言葉は効果がある。

給与が低いから辞めるという社員が多いようなら、給与規程や昇給制度を再検討しよう。経営者が給与を決めている企業では、仕事ができなくても経営者にうまく取り込めば、昇給してもらえると考える社員がいる。昇給基準がない企業では、社員のモチベーションが上がらないどころか、求人においても魅力のある企業として打ち出せない。

本人の言い分を聞いた上で、納得できることがあれば、経営者と相談をしたうえで、クリアすべき条件を明示して反応を見てみよう。すぐに昇給しないことを不服に思うような社員であれば、いずれ辞めていく社員だ。昇給しても他社がよい条件で求人を行えば、転職するだろう。

人事は、定着率を高めるため必死に引き留めることもあるが、毅然とした態度で、社員の話を聞き状況を判断しよう。

社員が退職勧奨に応じようとしない

対応のポイント
- 解雇と退職勧奨の違いを認識し、時間をかけてじっくり説明する
- 将来への不安を払拭するため、次の仕事を見つける手伝いを行う

危険な対応 説得時に「解雇する」「異動する」「減給する」と発言する

解雇と退職勧奨の違いは、解雇は雇用を打ち切ることを会社が明確に示しているが、退職勧奨はあくまでも退職を促しているだけで、最終的な退職の決断は社員側にあることだ。

社員が退職勧奨に応じない場合、勧奨という形をとっていても、実際には不当な解雇だと受け取っていることが多い。社員に対する説明時に半ば解雇と同様に「辞めてもらう」という姿勢で臨めば、社員も感情的になり退職勧奨に応じなくなるのは当然だ。

退職を促す場合、自社で伸びる可能性がないこと、本人の適性を考慮する

と別の職業に転職するべきという観点で、あくまでも本人の将来を考えた退職勧奨であることを伝える。確かに自社で伸びない社員が、他社で活躍できるか疑問もあるが、環境や職種を変えることで伸びる人も多い。人事担当者は結果を急がず、時間をかけて説明をしていくことが大切だ。

退職勧奨に応じない社員に対して、感情的になり嫌がらせをすることや、解雇に切り替えるなどは、絶対に避けるべきだ。脅迫されて辞めさせられたと社員が受け取れば、他の社員も「次は自分の番だ」と考えるようになる。

退職勧奨で辞める、辞めないという選択肢は社員にあることを肝に銘じ、親身に説得しなければならない。本人にとって見れば、将来のキャリアビジョンについて真剣に考える時間が必要であり、退職勧奨を告げられたからと言って即決で応じられるものではないのだ。

退職勧奨による退職は、会社都合の退職になるので、失業手当が短期間で支給されることを説明し、必要であれば転職先についても、相談にのることを告げて対応を見てみよう。

社員を懲戒解雇したい

対応のポイント

- 解雇理由が就業規則の懲戒規定に該当していることが前提になる
- 通告した場合の社員の不服申し立ての可能性を検討しておく

危険な対応　該当要件をチェックせず、感情にまかせて告知する

懲戒解雇とは、就業規則上のもっとも重い処分が課せられて行われる解雇のことだ。一般的な懲戒解雇では、解雇の理由が就業規則の懲戒規定に該当し、労働基準監督署の認定を受けた後、即時解雇となる。

普通解雇は、30日前に告知を行うか30日前の予告手当を支払わなければ解雇できない。懲戒解雇は、30日前の告知などの必要がなく即時解雇できるが、懲戒解雇に該当する理由がなければ認められない。人事は、懲戒解雇に該当するか判断し、必要であれば労働基準監督署、社会保険労務士、弁護士などに相談しよう。

懲戒解雇では退職金などを支払わないこともあるため、普通解雇に該当する内容であっても懲戒解雇で処理するよう指示する経営者がいる。社名を著しく汚し、信用を失墜させたときや、会社の重要機密を外部へ漏らしたとき、あるいは職場で労働者に対し有害および危険な行為をしたときなどに該当しなければ、懲戒解雇は認められない。実行する場合は、就業規則で懲戒解雇に該当するものを明示し、懲戒事由を明らかにする必要がある。

懲戒解雇は、事由によっては企業イメージを損なうことがあるので、慎重に進めなければならない。人事だけで対応せず、役員、経営者と綿密に打合せを行い実施しよう。

社員を懲戒解雇することで、社員が感情的になり訴えることもあるように、通告する前に起こり得る状況を想定しておこう。解雇を通告された社員が、懲戒解雇に納得しない場合、解雇を不服として申し立てを行うことがある。

提出した退職願を撤回したいと社員から言われた

対応のポイント

- 受理した退職願は原則として撤回してはならない
- 撤回した場合には、その後の配置やポジションなどに配慮する

危険な対応　簡単に撤回に受け入れ、前例を作る

社員から一度受理した退職願を撤回したいと申し出があっても、原則として撤回を認めるべきではない。簡単に撤回を認めてしまう前例を作れば、他の社員も安易に退職願を提出してくる可能性がある。

退職願を受け取る際には退職理由を必ず聞くようにする。辞めても何ら影響がない社員であれば、事務的に処理しても構わないが、少なからず退職により影響を及ぼす人材であれば、引き留めることも必要だ。

きちんと時間をとり、退職する社員の言い分を聞いた上で受理したのであれば、その後退職願を撤回したいと申し出ても、原則として撤回は認めるべ

きではない。受理するまでは時間を要してでも説得する時間を設け、受理後は、社員の気持ちに振り回されないようにしよう。

退職願を撤回する場合は、理由を確認した上で納得できるものでなければならない。その場合でも、「後任人事が決まっているので、上層部と相談します」といったん保留にし、配置転換やポジションの変更を行うべきである。理由が「次の転職先が決まらないからしばらく勤務する」といったものであれば、受理した退職願は撤回すべきではないが、話の流れで退職願を強要して提出させていたような場合、退職願そのものが無効になる可能性もある。

社員が頻繁に退職していく企業では、採用経費が膨らみ、社員のスキルが維持できない。退職の申し出があったとき、社員の言い分を充分聞いた上で、対処しなければ、社員に愛社精神や帰属意識が芽生えることもなく、殺伐とした雰囲気の社風になるだろう。人事は、企業の方向性を把握した上で、社員の気持ちを汲み取る努力を怠ってはならない。

退職した幹部が元の部下の引き抜きを行っている

対応のポイント

- 競業避止規定などを就業規則で設け、競合他社への転職を阻止する
- 噂のレベルでは内密に本人と面談し、追い込むような対応はしない

危険な対応　社員、元社員を脅迫して、無理やり転職を阻止する

退職した幹部による社員の引き抜きの事実を知って不服を申し立てても、「引き抜きをしていない、本人の意思だ」などと言い訳をして、話し合いにならないことが多い。在職中の社員に対して退職を阻止しようと強硬な姿勢をとれば、逆に本人は職業選択の自由を持ち出し、退職を早める結果になる可能性もある。

引き抜きなどの情報は、社員の噂などで知ることが多い。本人に確認をする必要があるが、噂のレベルであれば本人への確認も内密に行う必要がある。あくまでも現職社員を責めるのではなく「あくまでも噂ですが……」と切り出

した上で実情を確認し、事実の場合でも将来転職する際、引き抜きで動いた人材が採用されにくいことや、自社における将来のポジションを説明し、期待している社員であることを語るなどして、引き抜きを食い止めるべきだ。

このような退職した社員による在職中の社員の引き抜きを防止するひとつの策として、就業規則で競業の業務に一定期間就かないという規定を設けることがある。何ら規定を設けない状況では、職業選択の自由から考えても社員の判断に委ねられるため、引き抜きを阻止することは難しい。

就業規則で競業避止規定を設け、一定期間（1年から2年程度）は、同業他社へ転職しない規定を設けておく。就業規則は在職中の社員に対して効力があるもので、退職後に就業規則を持ち出して争うことは難しい場合もあるが、社員のモラルを促す意味でも就業規則に規定しておくべきだ。

引き抜きに応じない自社の労働環境や待遇を整えることと、競業避止の規定を設け、競合他社への転職をしない社風を設けるようにしよう。

他社から在籍する社員について問い合わせがあった

対応のポイント

- 社員についての他社からの問い合わせは、原則回答する必要がない
- 借金などの電話で業務に支障を与える場合は実情を確認する

危険な対応 本人を問い詰めることで、本人を退職に追い込んでしまう

在職中に転職活動をしていると、本来決してあってはならないことだが、応募先企業から在職中の社員の勤務状況や職務能力について問い合わせがあることがある。このとき人事が本人を追い詰めれば、退職を悩んでいても辞めざるをえない状況に追い込んでしまう。問い合わせをしてきた企業が、すでに退職していると勘違いして連絡をしていた場合であっても、個人情報を遵守できない企業は、大した企業ではない。自社で必要な社員であれば本人の相談相手となり、現職の悩みや問題を聞いてみよう。

退職した社員について問い合わせもあるが、個人情報なので回答できない

と拒否して構わない。相手の素性もわからない電話の相手に回答する義務はない。採用のために情報を入手しているという理由も、本当に間違いないかは確認できないのだ。

優秀な社員だったと回答すれば、優秀な社員がなぜ辞めたのかとさらに先方は疑問を持つだろう。人事が少しでも回答すれば、電話の相手はさらに深く質問をしてくるのが一般的だ。

借金の取立てなどで、配属部署に電話があるケースがあるが、新卒新入社員であれば、本人と面談をする必要があるかもしれない。借金取立てなどの個人的な電話が、業務に支障を与えることを話のきっかけとして、問題があるようであれば上層部と相談し対処しよう。未成年の社員であれば、両親と相談するよう促すことも可能だ。

業務に関連しない他社からの電話を黙って見過ごさず、必要であれば社員に確認をすることも人事の仕事である。問題を見て見ない振りをしていれば、優秀な人材が流出してしまう可能性がある。「辞めたい社員は、辞めればいい」という考えではなく、社員に対して親身に対応しよう。

COLUMN

退職の意志を覆すのは難しい

退職願を提出した社員を引き留めることは、正直なところ非常に難しい。すでに転職先が決まっていれば、転職先へ大きな夢や目標を抱いている。何らかの不満や問題があり転職を希望する社員に対しては、瞬時に不満や問題が解決できなければ、気持ちが変わることはないのである。

退職願を提出するという大きな決断をする前に、本人の行動や態度を察知し、面談をすることで気持ちを変える必要がある。面談をすると将来への不安や会社への不満などの悩みを聞きだすことができ、会社として対処できることもでてくる。退職願を出す前に、手当ができれば退職の意志表示をせず、気持ちを切り替えることができるのだ。

退職を考えている社員は、「自分の気持ちをわかって欲しい」となんらかのメッセージを送っている。彼らのメッセージに気がつかず、放置しておくことが、会社で必要な人材の損失につながっていくことになる。

第8章 人事考課、研修などに関する対応策

労度基準法に違反していると社員から言われた

対応のポイント
- 指摘内容が違反に該当する場合は、早急に改善すると回答する
- 社員の「訴える」という言葉に怯えてはならない

危険な対応　違反事項を指摘されても、改善する考えはないと突き放す

社員からこのような言葉がでるときは、他の社員も同様のことを考えていると考えてよい。過度に多い残業時間やサービス残業、休日が取得できないなど、労働環境に関連する内容を指摘されることが多いようだ。

社員から指摘された場合、人事が話を親身に聞くことが大切だ。指摘事項のなかには、人事も承知している内容もあり、言われなくてもわかっているという態度をとる人がいるが、このような態度をとっているだけでは、何も解決しない。人事担当者の態度に不満を持ち、労働基準監督署に訴える決心をする社員もいるだろう。

指摘事項を聞いた上で、事実であれば改善の方向性について説明しよう。人事担当者だけでは決められない内容もあるが、真摯に受け止め対処することを伝える。上層部に確認が必要であれば、期限を設けた上で、回答する必要がある。

退職を前提に指摘をする社員は、労働基準監督署に訴えることを最初から考えているケースが多い。違反していると言われて、横柄な態度で話を聞くのはもってのほかだが、人事が動揺して対応することも問題だ。親身に話を聞いた上で、会社の現状を理解してもらい、違反している内容については、早急に改善していくことを伝えよう。

「仕方がない」「嫌なら辞めればいい」と開き直った回答では、社員も感情的になる。さらに「訴えてもらっては困る」「見過ごしてくれ」などの回答ではなく、どうしても訴えるのであれば、仕方がないと回答し、上層部、社会保険労務士などと対応を協議しよう。社員が訴えたことで是正勧告をされたとしても、労働環境を改善するきっかけになると考えれば、「訴える」という言葉に決して怯える必要はない。

会社から借金をしたいと社員から言われた

対応のポイント

- 退職金などを担保とする会社規定を設けた上で、貸し出す
- 保証人を設定し契約書を取り交わした上で、給与から控除する

危険な対応 相談された上司や経営者の独断で、借金を容認または拒否する

社員から会社から借金をしたいと言われた場合、借り入れの理由について確認をし、会社の内規に基づき判断すべきだ。会社が損失を負わないためには、退職金などを担保として貸付金の上限を設ける。さらに保証人を設け、本人が返済を怠った場合、保証人に請求できるようにする。低利の利息を設定し、契約書を交わして、返済は給与から控除するのが一般的だ。

「自宅を購入したが、銀行から借りる金額では不足している」「子供が進学したため教育費に充てたい」など、理由が明確であれば問題ないが、遊行費がかさみ借金を返済できないなどであれば、社員の今後の行動についても確認

すべきだ。借金をしてでも遊びたいという社員は、いっとき反省はしても再び繰り返す可能性がある。

新入社員などで、退職金などの担保とするものがない場合は、原則として貸し出しを行うべきではない。生活費に困ったため給与を前借したい場合でも、簡単に会社から借りることができる状況を作れば、毎月のように前借を行う社員もでてくる。退職金支給対象者ではない社員が多額の借金を申し込んできた場合は、支給できないと断るだけでなく事情を聞き取り、必要であれば司法書士などに相談するようアドバイスも必要だ。前借を容認することは、本人のためにも好ましいことではなく、金銭管理がルーズになる。

会社が社員に貸し出す場合は、手続きや基準を明確にして、できる限り例外を作るべきではない。会社に借金を求めなければ生活が成り立たない状況は、借金を繰り返す可能性もある。生活プランが明確で借金も止むを得ないと判断できない社員以外は、慎重に対応すべきだ。借金をむげに断らず、事情を把握した上で、会社規定に基づき対応しよう。

人事の提案や制度を現場が受け入れない

対応のポイント

- 提案や制度の運営は、現場トップの理解を得てから行動する
- 後方部門としてやるべきことを考え、現場と信頼関係を構築する

危険な対応　「現場のレベルが低くて実行できない」と責任転嫁をして行動しない

人事の提案を現場が受け入れられない原因のひとつとして、人事と現場の距離がある。人事は現場のことを理解せず机上の空論として提案している。現場の社員から見れば、いくら優れた提案でも受け入れることはない。人事が、現場の忙しさを理解せず、報告書などの事務処理を強いてくると考えている社員もいる。現状を何も知らないなかで指示、命令が多いと嘆く現場であれば、人事の提案に協力しようとは思わないだろう。

本来、本部と現場がお互いに協力することで、スケールメリットとして組織力や営業力が強化されるが、人事スタッフが上から目線で現場へ提案し、

現場が「稼いでいるのは我々だ」と考えていれば、強い企業にはならない。

現場が日々忙しいことを理解し、人事が現場に歩み寄る姿勢が必要であり、日頃の業務から信頼関係を構築していかなければならない。人事が現場に協力しても現場が動かないケースでは、現場のトップや経営者が協力的でないことも考えられる。現場へ落とし込む前に、幹部の理解、協力を得なければ、業務がうまく遂行しないことも多い。

現場が動かない、指示に従わないと嘆いているだけでは、溝が深まるばかりだ。現場トップに提案や制度の理解を得た上で、人事主導ではなく、現場トップが実践するやり方もある。提案や制度がうまくいくことは、人事の功績ではなく、運営する現場スタッフの功績だという認識で運営しなければ、人事の提案や制度は、実行力のないものになってしまう。後方部門として何ができるかを常に考え、制度を運営することが大切だ。

人事部門で特定の仕事しか行わない社員がいる

対応のポイント

- 特定の分野しか携われない状況が、非協力的なスタッフを生む
- 人事業務全般を理解することで、幅広い知識と経験を活かせる

危険な対応　「言われたことだけをやっていればいい」と、業務を割り振る

人事業務は、給与計算、採用業務、就業規則の作成、勤怠管理、研修制度の運営など、幅広い業務を行う部門だが、業務を分担してしまうことで、特定の仕事しかできない状況は好ましくない。それぞれの仕事に関連性があり、特定の分野を行う場合でも、知識や経験が必要になる。

特定の仕事しか行わない体制は、上司にも問題がある。採用部門が忙しくても、お互いに協力するような指導がなければ、自分の仕事だけ行っていればいいという体制になり、忙しい業務では残業などの人件費が膨らむ。

人事は、特定の時期に忙しい業務が多い。給与支給日前の1週間は、勤怠

チェックなどで給与関連業務が忙しいし、採用部門は会社説明会時期に説明会の準備で連日夜遅くまでかかることも多い。人事部門のスタッフであれば、特定の分野を専門にしても、人事業務全般に精通していることが望ましい。

給与計算は、守秘義務があるので特定の社員しか携われないという状況ではなく、人事スタッフ全員が守秘義務を守れば、給与計算に携わっても何ら問題ない。採用業務も毎年行っているからといって特定の業務だけを行わせるのではなく、他の業務にも携わることで、幅広い知識が採用スタッフとして役立つ。

特定の仕事しか行わない社員がいる状況は、特定の仕事のみさせてきた結果だと言える。やりたくないから他の業務を行わないのではなく。できないから非協力的になる。

人事業務について、特定の分野のみに役割を限定せず、ジョブローテーションを行い、人事業務全般に精通したスタッフを育成することが大切だ。

仕事のモチベーションは、関わることから生まれるものだと認識しよう。

業務改善を提案したら、経営者と溝ができてしまった

対応のポイント

- 経費がかかる提案は、経営側の視点で提案をする
- 人事から歩み寄り、経営者と面談をする時間を設ける

危険な対応 「経営者は利益しか考えていない」と批判的になり提案を躊躇する

人事業務は、労働基準法などの関連法規に準じて行うものが多く、業務改善を遂行したために、経費がかかり利益を圧迫することもある。法に基づき、労働時間の短縮を実施すれば、人件費が膨らみ利益が少なくなる可能性もある。人事が経営者に提案する上で大切なことは、経営者の立場を理解した上で説明しなければならない点である。

「労働基準法を遵守しなければならない」ではなく、「労働基準法に準じた時短を行う上で、人件費の伸びを最小限に抑え、現場の業務に支障を与えない方法を提案させてください」など、経営を圧迫せずに改善できる内容であ

ることを伝えなければならない。

経営者であれば、労働基準法を遵守しなければならないことは理解している。遵守したいができない状況を理解せず事務的に提案をすれば、信頼感を失う。業務改善を提案する場合は、経営の立場で提案することが必要だ。労働環境の整備も同様で、経営側の視点で必要であることを伝えなければ、一般社員からの要求と受け取るだろう。経営者と溝ができると人事業務を遂行する上でうまくいかなくなることが多い。採用、賃金、労働環境など、どれをとっても経営者の決断や経営者を巻き込んで行う必要があるものばかりだ。

人事が経営者と良好な関係である企業は、社員に活気がありモチベーションも高い。一方、人事と経営者がうまくいかない場合、現場も人事に非協力的になり、改善改革は滞るだろう。経営者と溝があると感じたら、人事戦略について面談をする時間をとってもらいコミュニケーションを図るようにする。溝ができていると感じても放置せず、人事から経営者の理解を得るよう働きかけよう。

経営者が人事のアウトソーシングを検討している

対応のポイント

- 外部企業やコンサルタントと協力的に業務を行い実績を出す
- 外部委託することで、自社で行う人事業務をより強固にする

危険な対応

経営者は人事部門を信頼していないと考え、非協力的になる

採用業務を一手に引き受ける企業や給与計算を担う企業がでてきており、経費の節減になるなど、経営者に積極的にアプローチをしている。内定辞退者をフォローするコンサルティング会社まである。経営者が外部企業に業務を委託すること自体は、経営面からメリットがあれば決して悪いことではないが、人事担当者がアウトソーシング化の動きに動揺し、適切な業務を行えなくなることに問題がある。

コンサルティングや外部企業へアウトソーシングしても、事業の状況や社員の実態を把握しているのは人事担当者であり、うまく活用することを考え

れば問題ない。人事部門で行っても成果が変わらないと予測できれば、経営者に進言してもいいだろう。なかには、人事でもできるようなアンケートを実施するだけで、数十万円の報酬を要求することもあるので、人事の視点で適切な内容かどうかを見極めることが大切だ。

外部のスタッフに敵対心を持てば、経営者は非協力的だと判断し事態が悪くなることも予測できる。アウトソーシングを行うことで、人事として重要な業務に集中できることを考えれば、企業をよくすることを第一に考え、協調して業務を進めていくべきだ。コンサルティングや外部企業の協力を受ける場合でも、手法などは将来自社に取り入れて運用することもできる。人事部門のリストラではなく、より強固な経営基盤を構築する上で、一時的に外部の手を借りることもあるのだ。

人事戦略は、経営で大切な人材という資源を有効に活用し利益を構築するための戦略だ。過去の経験だけではなく、現状にマッチングした戦略を構築する上でも、コンサルタントや外部企業の考え方や手法を取り入れて、より強固な人事部門を築くことも視野に入れて業務を遂行しよう。

人事計画がうまく機能していない

対応のポイント
- 経営に関連する部門と協議を行い、人事計画を構築する
- 企業情勢により調整していく必然性を理解する

危険な対応　過去の定着率、採用人員データだけで人事計画を作成する

人事は、今後定年退職する社員の補填や経営計画に基づき採用、人材育成などの人事計画を構築する必要がある。社員が辞めたから求人をするという行き当たりばったりの採用では、人材の活用について効果を期待できない。

中途採用であっても戦力としてフルに活用できるまでに時間を要する。ましてや新卒新入社員であれば、貢献できるまで数年を必要とするだろう。この点をふまえて、少なくても今後5年間の社員がどのように推移するか検討しているだろうか？　推移に基づき採用計画を構築しているだろうか？

定年を迎える社員がいれば、退職金が発生する。熟練した社員が退職する

ことで、企業力が減少することも予測できる。企業力を維持するために人事が採用や研修計画を実行する必要がある。突然の業績不振や新規業態などで計画どおりいくものではないが、大枠の計画を持っていなければ、人材を財産としていくことは不可能だ。

経営計画では、会社の利益を構築するために、営業目標や削減目標を立てている。人事は人という財産を増やすために、人事計画に基づき戦略的な業務を行っていかなければならない。

突然多くの退職者がでることや、現在の部門が閉鎖されることをふまえた上で、人事計画の見直しを図りながら、採用、育成などを実践していく必要がある。人事計画など立てても機能しないから無駄だと考える人事であれば、機能しない人事計画を立てていることに問題がある。人事は、経営幹部、経営企画、経理部門などと綿密な情報交換を行い、人という観点で企業の財産を構築することを実行していく部門だ。過去の退職者などのデータだけでは、今後の動向は推移できない。経営に関連する部門と充分な協議を行い、人事計画を構築していくことが大切だ。

人事考課制度が、形式だけになっている

対応のポイント

- 人事考課のチェック項目を、業務に関連した内容にする
- 部下にチェックをさせて、上司の評価とすり合わせる

危険な対応 上司が部下の成長に期待感を持たず、形式的な人事考課で納得する

漠然としたチェック項目の人事考課を形式的に実施しても、社員の不信感をかうだけで効果は期待できない。「仕事に前向きに取り組んでいるか」などのチェック項目では、上司の判断で評価が変わってしまう。「〜という業務について〜のレベルに到達しているか」と、業務に直結した評価基準でなければ、業務に活かせる評価はできない。

部門ごとに業務内容が異なっているにもかかわらず、同一の評価が必要だという見解から、同じ考課票を使って実施することも問題がある。異なる業務を統一した評価で行えば、漠然として曖昧な人事考課しかできない。

上司と部下の関係がぎくしゃくするという考えから、人事考課を公表しない企業がある。もし、上司が付けた人事考課が賞与などに反映されるのであれば、社員は納得できないだろう。業務に直結したキャリアシートを作成し、本人ができているか否かをまずチェックし、次に上司がチェックを行う方式を検討しよう。本人ができていると捉えていても上司は認められない項目や、その逆もある。本人と上司がチェックをした段階で、結果について面談を行う。本人が気がつかない点を指摘されることで、さらなる向上が期待でき、考課に対しても納得する。漠然としたチェック項目では、上司と部下の見解の相違が生まれるが、業務に直結した内容であれば、上司も適確に指摘、指導できるはずだ。

人事考課は、社員に隠れて行うものではない。社員の知識やスキルを高めていく上での資料として利用しなければ時間と経費の無駄だけでなく、社員に不信感が生まれる。各部門で業務に直結した内容の見直しを図り、上司と部下のコミュニケーションを密にすることが、人事考課を業務に活かす方法なのだ。

研修制度がうまく機能せず、効果を実感できない

対応のポイント

- 研修の目的、目標などを明確にし、体系的な研修制度を構築する
- 研修の成果を検証し、研修項目、研修内容の改善を行う

危険な対応 研修を頻繁に行えば、社員の意識や行動が変わると錯覚する

研修制度がうまく機能しない理由のひとつは、社員が必要性を感じていないことにある。社員の知識やスキルを高めていく研修であれば、体系的な研修が実施されるべきだが、思いつきのように研修を企画し参加を命令しても、成果は期待できない。社員が到達すべき目標を設定せず、単発的に研修を行っても、研修後の数日間はやる気が高まっても決して持続しない。

社外の講師を使って研修を行う企業も増えているが、企業の実態を知らずにセオリーだけを話す講師では、社員は自社では実行できないと考えるだけだ。人事は研修を実施することで、社員の能力をどれだけ引き上げることが

できたか検証しているだろうか？

経営者が連れてきた講師だから仕方がないと考え、高い講師料を支払うことに疑問がないのだろうか？　会社の経費で研修を行う場合は、研修の目的、到達すべき成果、研修後の検証を行わなければ、効果は期待できない。

ビジネスマナー研修、社員の実務力を高める研修、仕事への意識を変革する研修、昇格のための研修など、研修制度を体系的に構築し、知識やスキルを高めていくことを実感できる研修を構築する必要がある。研修がうまく機能しないのは、人事や総務が外部講師に依頼するだけで片手間に行っていることも原因のひとつだ。

人事が研修に同席せず外部講師にまかせっきりであれば、研修の成果も検証できない。社員が講師を行う場合でも、講師が幹部だからと内容の検討を行わなければ、効果が期待できるかどうか疑問が残る。経営者、役員、幹部が研修の重要性を理解した上で、それぞれの研修目的、期待する成果について統一した見解で実施しよう。会社が社員を育てることを真剣に考えていると実感すれば、期待に応えようとする社員は間違いなく増える。

社員が不平不満で参加する研修を何とかしたい

対応のポイント

- 労働時間外に行う研修は、自主参加で行い強制しない
- 「なりたい自分」に到達できる研修プログラムを社員に提供する

危険な対応　研修内容を顧みず、参加しない社員を「やる気がない」と決め付ける

社員の知識やスキルを高めるための研修は、労働時間ではなく自らの時間を費やして行うべきだと考える経営者がいるが、つまらない研修に強制的に参加させられ、さらに業務外として賃金が支払われないのでは、不平不満が募るだけだ。

これには社員が研修の重要性を理解せず、「やらされている」という受身の姿勢で参加することにも問題がある。社員が形式的な研修への参加を強制させられているという意識では、効果が期待できないだけではなく、不満が募るだけだ。

以前、部長クラスの社員研修を休日を利用した上で毎月1回実施したことがあるが、不平不満は一切なかった。むしろ現状のままでいいのかという危機意識から、休日を使ってでも学びたいという姿勢を感じた。普段一同に顔を合わせる機会が少ないため、研修終了後の飲み会も楽しみだったのかもしれない。

研修を受講することは、「なりたい自分」に到達するために必要な通過点であることを社員が自覚しなければ、いつまでも受身の研修から脱却できない。業務で忙しいときに、なぜ役にも立たない研修に参加しなければならないのかと考えてしまえば、社員のモチベーションは下がってしまう。研修を受けることが自己啓発のきっかけになり、「なりたい自分」に近づけると感じれば、休みを削ってでも参加するだろう。

社員にとって必要な研修を会社が押し付けるのではなく、社員にリサーチしてみるのもひとつの方法だ。自分たちが受けたい研修であれば、全額会社負担ではなくても、やる気がある社員は積極的に参加するはずだ。

時間と費用をかけている新人研修の効果が上がらない

対応のポイント

- 研修の目的、到達点が曖昧であれば、効果を検証できない
- 厳しいだけの研修では、ポテンシャルが下がり実力を発揮できない

危険な対応 効果が上がらない原因を、新人の能力が低いためと判断する

新人研修の効果が上がらない理由は、いくつか考えられる。新人に期待するあまり、多くのことを盛り込み詰め込んでも、研修を行ったという実績だけしか残らず、新入社員は研修内容を把握できない。外部講師に依頼するだけでも、研修効果は期待できない。外部講師は、どの企業でも通用するマナー教育では一定の効果はあるが、社内の実態を把握していないため、実践的な指導ができず、漠然とした内容になってしまう傾向がある。

新人研修では、到達すべき目標を明確にした上で、目標をクリアできない新入社員は配属しないぐらいの内容を検討すべきだ。受講すればいい、話を

聞いていればいいという研修を長々と行っていても受講者の意識は変わらない。

新人研修の効果を問うのであれば、何をもって効果があるのか明確にすべきだ。配属後短期間で戦力となることが必要であれば、実務面の研修を徹底して行うべきだし、社会人としてのビジネスマナーができていないのであれば、挨拶、笑顔、職業意識などを徹底して叩きこまなければならない。

新卒採用の新入社員は、生活環境が変わるため精神的な負担も大きい。「頑張れ」「やる気を出せ」という掛け声だけでは成果がでないだけではなく、労働意欲が失せてしまうこともある。研修の到達点を明確にして、確実に到達レベルまで引き上げることと、高いポテンシャルで仕事に取り組める意識を育成した上で現場に配属することが大切だ。

新人で最初からやる気のない社員はいない。会社の厳しさだけを前面に打ち出し、夢や目標をなくすような研修を通じて、期待とやる気が薄れていく。効果を期待するのであれば、新入社員の期待を裏切らない研修が行われているか検証してみよう。

研修例

該当者が参加する研修

■ **新卒新入社員研修**

- 会社概要　●ビジネスマナー
- 会社案内作成（グループワーク）　●実務研修

■ **配属3カ月研修（以降、1年、2年、3年と実施）**

- 実務研修　●昇給、昇格システム掌握
- 問題点解決　●同期懇親会

■ **等級別座学研修（等級ごとに実施）**

■ **中堅社員研修（入社3年目に実施）**

■ **役職別研修**

■ **部長職マネジメントセミナー（年間12回）**

希望者が参加する研修

- 各部門の専門分野に関連する外部研修を社員が申告（会社が承認したものは、受講料の半額を会社が負担）
- 自社に講師を招いて行う研修
- 部門における勉強会

昇格者試験

- 主任昇格試験（実務試験、面接）
- 課長昇格試験（実務試験、面接）
- 部長昇格試験（面接）

COLUMN

人事は事務屋ではない

優れた人事とそうでない人事の違いは、社員の気持ちをどれだけ汲み取り、対処できるかという違いでもある。入社や退職に伴う事務手続きや、社員が必要とする書類の作成など、人事の仕事には事務的な仕事も多く含まれる。

人事は、社員が必要する書類の迅速な対応、入社前の社員が不安を抱かないことを考慮した文面の作成、怪我や病気で必要とする書類作成、社会保険や所得税という専門的な事務手続きなど、書類作成ひとつをとってみても、常に相手が理解しやすい、相手のことを思い作成すべきなのだ。

人事は、ただの事務屋ではないのである。

おわりに

本書をお読みになり、人事の対応によって、社員の行動や意欲が変わるということを認識していただけたと思う。

働く社員一人ひとりに感情があり、物事の捉え方も異なる。「決まりだから」と押さえ込むような対応が続けば、社風は殺伐としたものになり、社員は定着しない。人事は、社員の立場と経営者の立場の両面から業務を行わなければならない。社員のことだけを考えていれば、経営が成り立たなくなることもある。経営だけを考え経費の削減だけを行えば、社員のモチベーションは下がるだろう。

経営を守るためには、ときには社員に対して厳しい処分を行う必要もある。社員の立場を守るために、経営者に理解を求めることもある。

企業は友達同士の集団ではない。会社で守らなければならないルールがあり、担うべき社員の役割もある。社員が帰属意識を持ち、会社で働くことに誇りを持っている社員は、厳しい経済状況でも前向きに行動する。経営者が社員を信頼し、会社をよくすることが社員の幸せにつながると本気で考えている企業は、社内も活気があり社員が精力的に仕事をこなす。

人事の役割は、経営者や社員が抱える問題に対して適確に処理をして、会社の目標を達成するための最高の環境を構築することだと私は考えている。

人事は、日々起こる問題を避けてはならない。問題を解決していくことが会社の財産になり力となるのだ。事なかれ主義で見て見ぬふりをするようでは、人事の仕事は務まらない。

本書を活用し、皆さまの企業がより発展することを、心から祈願している。最後になるが、本書を執筆するにあたり、C＆R研究所 三浦 聡氏に並々ならぬご尽力をいただいた。書面をもって感謝の気持ちをお伝えできればと思う。

谷所　健一郎

■著者紹介

谷所《やどころ》　健一郎《けんいちろう》　有限会社キャリアドメイン代表取締役　http://cdomain.jp
日本キャリア開発協会会員
キャリア・デベロップメント・アドバイザー（CDA）

東京大学教育学部付属高校在学中にニューヨーク州立高校へ留学。武蔵大学経済学部卒業後、株式会社ヤナセに入社。その後、株式会社ソシエワールド、大忠食品株式会社で、新卒・中途採用業務に携わる。1万人以上の面接を行い人材開発プログラムや業績評価制度を構築する。株式会社綱八で人事部長を務めたのち独立。1万人以上の面接と人事に携わってきた現場の経験から、人事コンサルティング、執筆、講演、就職・転職支援を行う。ヤドケン就職・転職道場、ジャパンヨガアカデミー相模大野、キャリアドメインマリッジを経営。

主な著書
『選ばれる転職者のための面接の技術』（C&R研究所）
『選ばれる転職者のための職務経歴書&履歴書の書き方』（C&R研究所）
『人事のトラブル防ぎ方・対応の仕方』（C&R研究所）
『できる人を見抜く面接官の技術』（C&R研究所）
『新版「できない人」の育て方辞めさせ方』（C&R研究所）
『「履歴書のウソ」の見抜き方調べ方』（C&R研究所）
『再就職できない中高年にならないための本』（C&R研究所）
『即戦力になる人材を見抜くポイント86』（創元社）
『はじめての転職ガイド必ず成功する転職』（マイナビ）
『「できる人」「できない人」を1分で見抜く77の法則』（フォレスト出版）
『良い人材を見抜く採用面接ポイント』（経営書院）他多数

編集担当：西方洋一

目にやさしい大活字 人事のトラブル 防ぎ方・対応の仕方

2016年2月1日　　初版発行

著　者　谷所健一郎
発行者　池田武人
発行所　株式会社　シーアンドアール研究所
本　社　新潟県新潟市北区西名目所 4083-6（〒950-3122）
電話　025-259-4293　FAX　025-258-2801

ISBN978-4-86354-778-0 C0036